仕事《ワーク》がワクワクに変わる笑顔の法則

―顧客満足度98.5%の逆転経営術―

鴨居歯科医院インプラントセンター院長

鴨居弘樹

明窓出版

はじめに

顧客満足度ナンバー1のリアルなノウハウ

「お医者さんになって、クリニックを開業したい！」
「起業して、経営者になりたい！」
「たとえ小さくてもいいから、自分のお店を持ちたい！」

そんな夢をお持ちなら、今この本を手にしているあなたはとてもラッキーです。なぜなら、本書はあなたの夢を実現するのに役立つ、リアルで具体的なノウハウの宝庫だからです。

私は、45年前に歯科医院を開業しました。初めは3人だったスタッフは、今ではその10倍の約30人に増え、患者さんが1日平均100人は訪れる歯科医院に成長しました。

といっても、ずっと順風満帆だったわけではありません。

ピンチを幾度も乗り越えながら、学びと改善を重ねた結果、「歯科甲子園D1グランプリ」

で顧客満足度第1位の栄冠に輝く医院に育て上げることができました。

本書では、顧客満足度ナンバーワンのリアルなノウハウを100%お伝えします。

サブタイトルでは「顧客満足度98・5%」としましたが、患者さんからのフィードバックでは、100%満足いただけている印象を与えられるものがほとんどです。ただ、満足度アップについてもっともっと追求を続けようという思いで、98・5%としました。

また、仕事《ワーク》がワクワクに変わる人財教育の方法論も具体的に述べています。

双方に共通するのが、本書のタイトルにもある「笑顔」と、「ありがとう」です。

サービスに関わるすべての人のために

数千人の社員を雇用している大企業の経営者から見れば、数十人の医院など小規模かもしれません。しかし、日本の企業の9割以上は中小企業です。

さらに、その8割以上は、従業員が20人以下の小規模事業者です。

そして今、時代の過当競争のサバイバルにあえいでいるのも、そうした小規模事業者や医院の経営者たちです。

「医療とはサービスである」というのが私の持論なので、本書でも「相手のニーズとウォンツに応えるサービス」について、具体例を挙げて詳述しています。

医療関係者はもちろん、会社や商店、飲食店、美容サロンなど、さまざまな「サービス」に携わる方々のお仕事に、本書のノウハウは活用していただけると思います。

『マイナビ学生の窓口』の２０１６年４月の調査によると、大学生男子２０３人、女子２０２人を対象にしたアンケートでは、人気職種１位が医療系専門職（10・９％）で、２位は安定職の公務員、３位が事務職でした。

学生からは人気の医療系専門職ですが、高齢化社会や、医療保険制度の崩壊が危惧されている今、医療経営は大きな転換期を迎えています。

特に今の日本は、コンビニより歯科医院のほうが数多く、歯科医院のサバイバル時代に突入しています。

私が開業した１９７０年代は、どこの歯科医院も患者さんであふれていました。

しかし今は、予約でいっぱいの医院と、閑古鳥が鳴いて廃業に追い込まれる医院に、明暗がはっきり分かれています。

奇しくも、アメリカの時事解説誌『U.S. News & World Report』が２０１７年に発表した「Best Jobs of 2017」では、全職業の中でなりたい職業の第１位に歯科医が選ばれました。アメリカでは、日本より歯の健康や審美性に対する意識も医療技術も高く、歯科医のステイタスや収入がはるかに高いのです。

しかし、アメリカとの格差や、日本の歯科医のあまりに厳しい現状を嘆いてみても、問題は何も解決しません。

どんな職業であっても、社会に求められ、愛される存在になるためには、現状にしがみつくのではなく、常に技術やサービスをアップデートして、ハードとソフト両面の改革を図っていく必要があります。

そうした前向きな改革の一助になることを願って、この本を書きました。

どうぞご遠慮なく、本書で紹介しているアイデアやヒントをどんどん採用して、あなたの実りある未来に大いに役立ててください。

２０１７年夏

鴨居歯科医院・インプラントセンター　院長　鴨居　弘樹

▼▼▼目次

第2章 なぜ歯科甲子園で顧客満足度1位になったのか？

第3章 ニコニコ笑顔を育む家族主義のスタッフ教育

第1章

なぜお客さんは浮気をするのか？

コンビニより多い歯科医院は生き残れるのか？

今や、とても身近な存在となり、どこにでもあるようなイメージのコンビニエンスストアですが、日本には、そのコンビニよりも歯科医院のほうが数多くあります。

厚生労働省の「医療施設動態調査」（２０１６年）によると、２０１５年末現在で、歯科診療所は日本全国に約６万８０００軒あり、約５万店のコンビニを大きく上回っています。

日本の歯科医の総数は約10万４０００人で、千葉市や仙台市の人口と変わりません。フィジーやブータンの総人口と比べても、日本の歯科医の人数のほうが多いのです。

あくまでもたとえ話ですが、もし日本の歯科医がフィジーやブータンに一斉に集結したら、患者さんの奪い合いになって、たちまち廃業に追いやられてしまうでしょう。

しかし、これはあながち冗談ではありません。

保険診療だけで安定した収入が得られる、人口10万人当たりの適正な歯科医数は50人とされていますが、現状では人口10万人に対して全国平均81・８人もいます。

特に首都圏に至っては、人口10万人につき歯科医１２０人と、適正人数の２・４倍というすさまじい激戦区となっています。

売り手市場ではなく買い手市場になると、消費者は選択肢がいくつもあるので、簡単に浮気をします。

「あっちのコンビニより、こっちのコンビニのほうが感じがいいな」

「新しい店のほうが品揃えがいいから、今まで行っていたお店にはもう行かない」

そんな感覚で、歯科医院も患者さんにそっぽを向かれる状況に置かれています。

どんなに「私は真面目にやっているから、きっと患者さんはわかってくれる」と思っていても、患者さんに「あの先生、生真面目だけど、ムスッとしていて怖いから、もう行きたくない」と思われてしまえば、それっきりです。

もちろん、これは歯科医院に限ったことではありません。

「オレは、こんなに美味しいパンを作れるぞ!」

「ウチの店は、こんなにお洒落な洋服を売っているんだ!」

「我が社は、こんなに素晴らしい商材を提供できますから!」

などと自負していても、お客さんに選ばれなければ、生き残ることはできません。

なぜ歯科医がワーキングプアになるのか？

「歯医者さんて儲かるんでしょ？」

「開業医は定年もないし、社会的地位も高いし、高収入でうらやましいねぇ」

などと言う人がよくいますが、実態ははるかにシビアです。

厚生労働省の「平成27年賃金構造基本統計調査」では、38・2歳の歯科医の平均年収は約655万円です。開業医なら高額な医療用機器や材料費、人件費などがかかるので、実入りはかなり下がります。中でも最低収入のグループの平均月収は約15万7千円と、大学新卒者の初任給よりも低い金額です。

もはや歯科医の4、5人に1人は、日本人の平均年収400万円台に届かない、年収300万円未満のワーキングプアというのが実態なのです。

歯科ではなく外科や内科などの場合、全国の開業医の平均年収は2千500万円以上で、民間病院の勤務医でも年収1千万円以上になることが多いといわれています。

しかし、少子高齢化が進み、人口が減少傾向にある日本では、歯科医に限らず開業医もどんどん過当競争になります。

全国の開業医の多くは、２代目や3代目に継がれることが多く、医院や病院の新規開業は減っています。

医院をゼロから開業するとなると、場所や規模によって差はありますが、最低でも数千万円～1億円の資金がかかります。

私が開業したのは45年前ですが、実家は歯科医院ではなかったので、開業資金は母親が銀行に交渉して必死に工面しました。その当時の借入金額を現在に換算すると、約1億2000万円ほどになります。

土地の購入費や医院の建設費、高額な医療設備の購入費、メンテナンス費、材料費、光熱費、さらに歯科衛生士や事務スタッフの人件費など、多額の初期投資とそのローン返済や運営費を想定しなければなりません。

一般に、歯科医院が保険診療だけで経営を維持するために必要な患者数は、1日当たり約28人が目安とされています。

たとえば9時から18時までの診察で、昼休み1時間以外は1分の休みもなく8時間フルに診療し続けたとしても、1人の患者さんにつきわずか17分の診療時間しかとれない計算になります。

ちなみに当院では、初診の患者さんのカウンセリングだけで60分はかけますし、基本的には患者さん1人につき30分~2時間を目安に診療しています。

1人平均17分という短い時間では、適切かつ十分な診療ができるとは到底思えません。

私が歯科医院を開業した1970年代は、歯科医院の数がまだ少なく、歯科医院の待合室には常に患者さんがあふれていました。「3時間待ちの3分治療」が当たり前といわれており、近くの繁盛していた歯科医院では、患者さんが診察の順番札を取るために、早朝4時頃から並んでいるのをよく見かけました。

その当時、私が「患者さん1人につき30分かけて診療する方針です」というと、先輩の歯科医に「1人30分も診ていたら、患者さんの歯がなくなってしまうぞ!」とあきれ顔でいわれ、まったく理解してもらえませんでした。

歯科医ができるだけ効率よく保険点数を稼ごうと画策して、患者さん1人にかける診察時間を短縮すれば、必然的に医療のクオリティが下がってしまいます。

また、レントゲン写真の過剰な診断など、必要以上の治療をすることも、患者さんの満足度を下げることになります。

医療のクオリティと共に、患者さんの満足度が下がれば、患者さん自体が減り、経営がますます悪化します。

経営が悪化すれば、資金的な余裕がなくなり、設備や人件費や歯科医の技術向上の勉強に資金をかけることができなくなります。

すると、ますます技術や設備面、サービス面でクオリティが下がり、患者さんの満足度も下がるという、負のスパイラルに陥ってしまい、その結果、医院の廃業リスクが高まります。

私は、当院で働いていたドクターたちが独り立ちして、新規開業するのをサポートしており、がんばっている彼らの士気を下げるようなことをいいたくはありません。

しかし、激化する過当競争の中で、彼らに生き残ってほしいからこそ、この厳しい現実から目を背けないでほしいのです。

〝3分治療〟の医師は患者さんに必ず浮気される！

「先生はパソコンばかり見ていて、患者の私の顔もろくに見ないで診察する」
「1時間以上待ったのに、診察時間はたった3分！」

近年、こうした〝パソコン診療〟や〝3分治療〟の医療機関が増えているといわれます。〝3分治療〟は、歯科医院が少なかった時代からありましたが、歯科医院の数がコンビニより多くなった今でもこうした診療を続けている医療機関は、遅かれ早かれ生き残れなくなると私は思います。

これは知人に聞いた話ですが、とある街にA医院という整形外科ができ、今までその街に整形外科がなかったこともあって、いつも患者さんがあふれていたそうです。

しかし、近隣に新たにB医院という整形外科ができると、A医院はとたんに閑古鳥が鳴くようになってしまったというのです。

なぜ流行っていたA医院に、患者さんが行かなくなってしまったのでしょう？

知人いわく、A医院のドクターは、いわゆる〝パソコン診療〟や〝3分治療〟を日常的に行っていたそうです。

一方、B医院のドクターは、患者さんひとりひとりに対して丁寧な診療を行う人だったため、A医院の患者さんたちがみんな口コミでB医院に流れてしまったようです。

私にこの話をしてくれた知人も、近所の人からウワサを聞いて、A医院からB医院に乗り換えた一人です。

「ねえねえ、B医院の先生は、とっても丁寧に診てくださるそうよ」

「えっ、ホント？　じゃあ私も母も、もうA医院をやめて、B医院に行ってみるわ！」

地方は特に口コミの影響力が大きいので、患者さんの満足度が低い医院は、ライバルが現れると、一気に患者さんを失ってしまう憂き目に遭います。

医療施設の選択は、自分や家族の大切な身体に関わることですから、患者さんも妥協はしません。少しぐらい不便な場所にあっても、信頼できる医院に足を運びます。

近隣にライバルの医院がいなければ、A医院のように3分治療でも患者さんがやって来るかもしれません。

しかし、その本音は……。

「やれやれ、近くにこの医院しかないから、しかたがないや」

「ほかにもっといいクリニックができるといいんだけどなぁ……」

患者さんにそんな風に思われているとしたら、いずれ浮気をされる可能性大です。

なぜなら、相手の「ハート」をちゃんとつかんでいないからです。

医院に限らず、相手のハートをつかんでいないお店や会社は、遅かれ早かれA医院と同じ運命をたどることになるでしょう。

逆に、「ここは信頼できる！」「何かあれば、ぜひまたここに来たい！」と思われていたら、近隣にどんなにライバルがやってこようとも、患者さんはそうやすやすと動いたりはしません。

相手のハートをがっちりつかんでいれば、浮気を恐れることはないのです。

すでに同業者が多い激戦区に新規参入しても、患者さんのハートをがっちりつかむサービスを万全にしていれば、「ここが1番いい！」と選んでもらえるのです。

相手を感動させて「ハート」をつかめ！

医療も、ビジネスも、恋愛も、「ハート」が命です。

「そのハートがなかなかつかめないから、困っているんだよ」

という方に、その極意をお教えします。

それは、相手を心から「感動」させることです。

「ええっ、こんなことまでしてくれるなんてうれしい‼」

「うわあ、ここまで丁寧にしてくれるなんてすごい‼」

ショップやレストラン、ホテルなどでも、こちらの期待を上回るサービスを受けると、感動を覚えませんか？

人は感動した瞬間に、ハートをぐっとつかまれる生きものなのです。

医療も同じです。相手の期待を裏切るのではなく、相手の期待値を超えた感動的な対応をすることで、患者さんのハートをつかむことができます。

逆に、どんなに素敵なレストランやホテルでも、期待以下の対応をされると、一気に印象が悪くなって、リピートする気が失せますよね。同じように、医院もサービスが悪ければ、患者さんに敬遠されてしまいます。
「電話に出たスタッフ、言い方が感じ悪っ！」
「予約しているのにいっぱい待たされて困る……」
「必要ないといっているのに、高い治療をしつこく勧められてうっとうしい」

医療におけるサービスとは、まず患者さんが何を求め、何を必要としているかを察知して満たすことであると同時に、患者さんが何を嫌い、何を要らないと感じているかを予知することでもあります。

誰しも自分の期待を超えてパーフェクトにニーズやウォンツが満たされれば感動を覚えますが、逆に期待を裏切られると、失望して、嫌悪感すら抱いてしまいます。

相手のニーズやウォンツにそぐわない的外れなサービスは、ただの押しつけや自己満足になってしまいます。

医療とは、相手の「ニーズ」と「ウォンツ」を満たすサービス

１９７２年に開院した鴨居歯科医院がちょうど10周年を迎えた１９８２年に、次のような「基本理念」を策定しました。

これを朝10分の朝礼時にスタッフ全員で唱和しています。声に出して発語することで、理念が自分の身になるからです。

〈基本理念〉

●私たちは常に患者さんの立場に立って誠意をもって信頼に応え、感動されるサービスに徹します。

●私たちは最良の知識と技術と愛をもって歯科医療をまっとうし、社会に健康と美を提供します。

●私たちは夢と知恵と情熱をもってより良い環境を創り、明るく豊かで幸せな自己実現に努めます。

理念というとちょっと堅い感じがするかもしれませんが、この理念の核にあるのは、「医療とはサービスである」という考えです。

サービスとは、相手が何を求め、何を必要としているかというニーズやウォンツをいち早く察知して満たす行為です。

自分にしてほしいと思うことを、人に施す。

自分にしてほしくないことは、人にもしない。

ベースになっているのは、「医は仁なり」と「三方よし」という考え方です。

「仁」とは、儒教でいうところの「相手に対する思いやり」です。

キリスト教の「愛」や、仏教の「慈悲」に通じる言葉です。

この言葉は古代中国の書物に由来し、江戸時代の儒学者・貝原益軒による健康指南書『養生訓』にも、「医は仁術《じんじゅつ》なり」と書かれています。

「三方よし」とは近江商人の「売り手よし、買い手よし、世間よし」の心得です。

「患者さんも良くなり、スタッフも良くなり、医院も良くなる」と置き換えています。

「医者に愛とか感動とかサービスなんて必要ない」という人もいます。

しかし、過当競争が進む中、これからの医療は、患者さんやスタッフという関わるすべての人への愛と思いやりがベースとなった、「感動」を覚えるほどのサービスなくして成り立たないというのが私の持論です。

理念は家を支える土台

「大企業じゃあるまいし、個人経営の医院に理念なんて大げさじゃない？」と思う人もいるかもしれませんね。

しかし、大きな企業でも、小さなお店や医院でも、2人以上いれば「組織」です。

組織を「家」にたとえると、家には必ず土台が必要です。土台がグラグラしていては、組織は崩れてしまいます。

「基本理念」とは、まさにこの土台のような存在です。

年月が経てば、家を修繕したり改築する必要が生じるかもしれませんが、基礎の土台さえドーンとしていれば、リフォームすることで長く使えます。

ちなみに、当院は開院以来、何度も建て増しをして拡張していますが、基礎がしっかりしているので、45年経った今もびくともしません。

時代の変化に応じた、新しい技術やサービスの導入はとても大切です。土台となる理念がしっかりあれば、そうした新しい風を入れても、組織がぐらつくことはないのです。

もしスタッフが「どうしよう？」と迷うようなことがあっても、基本理念があればそこに立ち帰って考えることができます。

「ああそうか、これでは理念に反することになってしまうからやめよう」

「やはり基本理念に沿ってこうすべきだ」

という風に、基本理念を道しるべに迷い道から脱出して、自ずと解決の筋道を見つけることができます。

どんなに小さな会社やお店、クリニックでも、スタッフ全員が顔を上げ、胸を張って、「私は〝ここ〟に帰ればいいんだ」と思える、確固たるよりどころになる基本理念が必要なのです。

第4章で詳しくお話しますが、当院ではスタッフの行動指針となる「クレド」も作っています。それはスタッフをしばるものではなく、スタッフが自発的に行動するための道しるべなのです。

「一期一会」の笑顔に答えがある

相手を「感動させるサービス」をしようとしても、肝心のサービスを提供する側の気持ちが整っていなければ難しいでしょう。

そのバロメーターになるのは「笑顔」と「感謝」です。

そのことに気づいたのは、今から20数年前のことです。

当院は今でこそ30人以上もスタッフがいますが、１９７２年の開院当初はたった３人しかいませんでした。それが徐々に規模が大きくなり、開業して10年ほどたったときには10数人にスタッフが増えました。

ところが、ある日10人ほどのスタッフが一斉に「辞めたい」といってきたのです。

「ええっ!!」――思いもよらない事態に、目の前が真っ暗になりました。

10人も一斉にいなくなれば、当然、急激な人手不足に陥り、せっかく軌道に乗ってきた医院も一気にピンチになります。

なんで急に？――原因は、職場に「笑顔」「感謝」がなかったからです。

私は感情的に人を怒りつけるようなことはしませんが、プロとして甘いところがあると、スタッフを厳しく叱りました。

なぜなら、歯科医療の世界では、小さなミスでも、患者さんに大きく迷惑をかけることがあるからです。

たとえば、治療中に油断した瞬間に、患者さんを傷つけてしまったり、不要な痛みを患者さんに感じさせてしまうと、決してあってはならない医原性疾患を招く危険性があります。

また、それが、医療訴訟問題に発展することもあります。

そのため、どんなに小さなミスであっても、絶対に妥協を許しませんでした。

しかも当時の私は、「患者さんの疾患を完璧に治すことこそが、歯科医の仕事のすべてである。医原性疾患を絶対に出してはいけない！」と考えていたので、きっと仕事中はすごく真剣な表情をしていたのでしょう。

恐らくスタッフに対しても、患者さんに対しても、あまり笑顔を見せることも、感謝する気持ちもなかったのではないかと思います。

人間の脳には、相手を鏡のようにして同じ行動をする「ミラーニューロン」という神経細胞の働きがあります。相手が無表情なら、こちらも無表情になりますし、相手が笑顔なら、こちらも笑顔になります。

もし院長に笑顔がなければ、当然、スタッフも笑顔にはなりません。

院長がいつもピリピリ厳しい表情をしていれば、それがそのまま鏡のようにスタッフに伝播《でんぱ》し、スタッフも笑顔でいられなくなってしまうのです。

辞めたいといってきたスタッフたちは、笑顔のない院長の顔色を窺《うかが》って仕事をすることに、きっとほとほと疲れたのでしょう。

そんな折、塩尻市内にある曹洞宗無量寺の尼僧・青山俊董《あおやましゅんどう》先生と出会ったのです。

出会いのきっかけは、「茶道」です。私が青年会議所（ＪＣ）に所属していた頃、日本ＪＣに出向した折、仲間の多くが「お茶（茶道）」を話題にしており、多くの著名な経営者たちが茶道をたしなんでいることを知りました。

また、国賓を迎える際も、「お茶」でおもてなしをしているという報道を目にし、茶道に対する興味がますます膨らみました。

「求めよ、さらば与えられん」といいますが、たまたま茶道を習っている患者さんがおられ、その方の紹介で、妻と一緒にお茶の稽古に行くことになりました。

そこで教えていらっしゃったのが、青山先生だったのです。

青山先生は、愛知専門尼僧堂の堂長でもあり、日本全国で参禅指導、講演に活躍され、海外でも講演活動をしていらっしゃる素晴らしい方です。

「すごい人だ!」

多くのお弟子さんたちが、青山先生のことをそのようにおっしゃっていました。

実際に青山先生にお会いすると、子どものように邪気のない満面の笑顔と、全身から発せられる温かなオーラに、ハートをわしづかみにされました。

青山先生は常に笑顔で話され、その内容も心に深く響いてきました。

茶道の厳格な作法を教えつつ、たとえ間違っても、決して頭ごなしに叱ったりするのではなく、笑顔でひとりひとりのお弟子さんたちを気遣いながら指導される様子に感動しました。

当時、スタッフがなかなか定着しないことを悩んでいた私は、青山先生の笑顔と度量の深さに、その答えがあることを悟りました。

当院の待合室には、青山先生の筆による「一期一会」という書が飾ってありますが、まさに一期一会の出会いに笑顔を忘れないことが大切です。

相手の心をつかみ、相手を感動させるサービスの基本は、笑顔に始まり、笑顔に終わるのです。

患者さんが悪化する病院、元気になる病院

昨今、ブラック企業や、若い会社員のうつ病や自殺などが社会問題になっていますが、その職場に笑顔があれば、もっと救われる命があったのではないかと思うことがあります。

スタッフに笑顔がないのは、そのトップや上司に笑顔がない証拠です。

スタッフが笑顔でなければ、患者さんも笑顔にはなりません。

これは、歯科医院に限らず、どの業種、どの職種、どの組織や店にも共通することではないかと思います。

いわゆるサービス業でなくでも、スタッフが笑顔になれば、お客さんも自然と笑顔になります。

「病院に行ったら、よけいに具合が悪くなった」

よくそんな人がいますが、それは実際に病気が悪化したのではなく、医師にもスタッフにも、来院している患者さんたちにも笑顔が見られないため、不安と緊張がどんどん増幅して、気分的に滅入ってしまったのでしょう。

「病は気から」といいますが、不安な気持ちが高じて自律神経のバランスが崩れれば、頭痛や動悸がしたり、胃腸がしくしく痛んだりして、実際に具合が悪くなる場合があります。

一方当院には、逆にこんな患者さんがときどきいらっしゃいます。

「あれっ、おかしいな？ ここに来たら、朝からがまんできないほどズキズキ痛かった歯が、あんまり痛くなくなっちゃったよ」

そんなときはスタッフも患者さんも一緒になって大笑いしますが、笑顔があふれた空間では、痛みすら緩和されます。

どうせなら、「あそこに行ったら、なんだか元気になる!」といわれるような場所にしたいですよね。

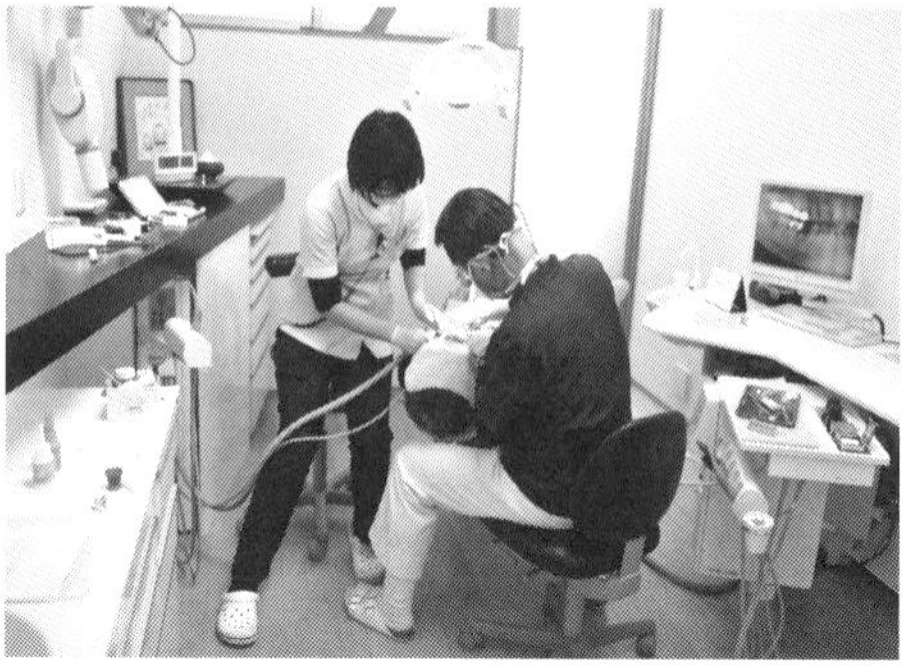

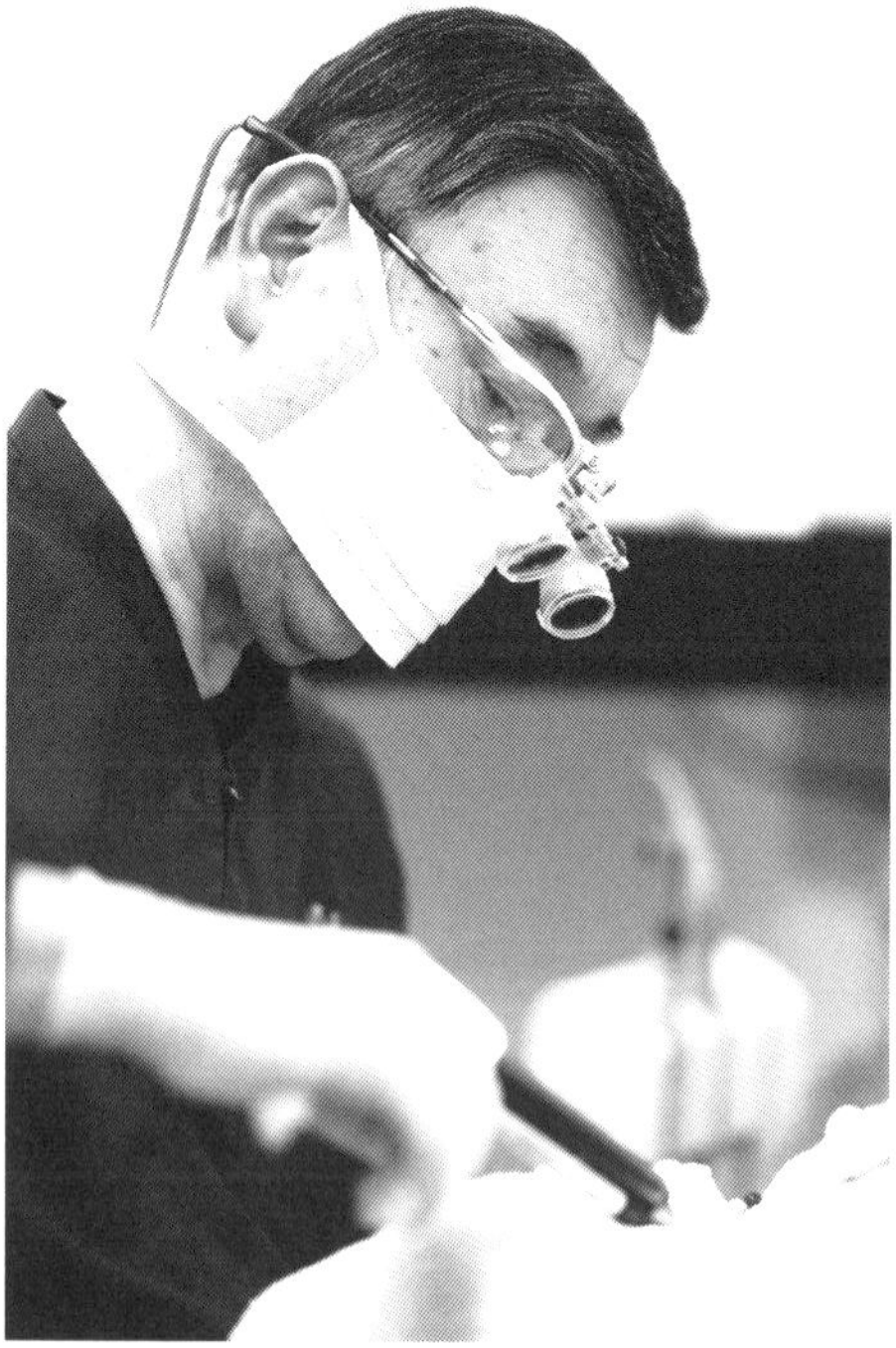

第2章

なぜ歯科甲子園で顧客満足度第1位になったのか？

歯科甲子園D１グランプリで顧客満足度第1位に！

２０１６年には、来院した患者さんが地域の医療機関のホスピタリティを評価する「医療機関アワード」（一般社団法人日本医療ホスピタリティ協会）にもエントリーしました。ありがたいことに、患者満足度の高い歯科診療所であることが評価されて、約１００の医療機関の中から「歯科部門地域別最優秀賞」を受賞できました。

また、２０１２年に始まった「歯科甲子園Ｄ１グランプリ」（一般社団法人歯科甲子園事務局＝Ｄ１）にも毎年参加し、「顧客満足度部門優秀賞」をはじめとする賞を毎年受賞しています。

「歯科甲子園Ｄ１グランプリ」の評価は、まるで一流レストランを格付けする『ミシュランガイド』のように厳密です。

患者さんを装った覆面調査員が患者さんとして３度も来院し、スタッフの対応から院内の設備や清掃など全88項目にわたって細かく評価するのです。

覆面調査員がいつ来院するかまったくわからないので、１人だけがんばってもダメです。スタッフみんなの日頃の心がけがすべてです。

「じつは私は……」と、それまで患者さんとばかり思って接していた方が、覆面調査員であることを明かされたときには、「ええっ」と本当に驚きました。

そんな厳しい評価の結果、第2回「歯科甲子園D1グランプリ」の顧客満足度部門で、「全国第1位」の栄誉に輝いたことはスタッフ全員で誇りに思っています。

ちなみに、当院では「歯科甲子園D1グランプリ」の調査票を、患者さんに応対するためのチェックシートとして活用させていただいています。調査用のチェックシートとして、チェック項目に従って、スタッフが患者さん役になり、ロールプレイを行っているのです。

2017年12月には、日本でも大手の経営コンサルティング会社である船井総合研究所の歯科部門でもMVPを獲得しました。

患者さんのためにしてきた努力が、こうした客観的な評価に結びついたのは大変うれしいことであり、スタッフの大きなモチベーションアップになります。

患者さんの「デンタルＩＱ」をアップする

「歯の病気や予防についてどのくらい知識があるか？」
「健康で美しい歯を守るための生活習慣がどのくらい身に付いているか？」
――こうした歯に対する意識の高さを「デンタルＩＱ」といいます。

デンタルＩＱの高い人は、自分の歯を大切にしており、予防歯科に熱心なので、むし歯や歯周病が少なく、歯の健康をキープしている人が多いといえます。

逆に、デンタルＩＱの低い人は、自分の歯のケアをなおざりにしているので、むし歯や歯周病率が高く、病状がかなり進行してから慌てて歯科医院に駆け込んでくるケースが多く見られます。

デンタルＩＱが低い人の中には、「とりあえず痛みが治まればいいや」と、治療途中で来なくなってしまったりする人がいます。

治療途中でほったらかしにするのは、家の修繕工事をしている真っ最中に、作業を突然ストップしてしまうのと同じです。

歯が不完全な状態のまま飲んだり食べたりするのは、工事中の家を雨ざらしにするようなものです。

家の中に雨風が染み込めば、家そのものがガタガタになってしまうように、歯もばい菌が入って膿んだり欠けたりしやすくなり、最悪の場合は歯そのものを失ってしまう可能性もあります。

歯科医がどんなにがんばっていい治療をしても、患者さん自身の意識が低ければ、歯の健康を維持できません。

「自分の歯は自分で一生守る！」という意識をしっかり持ってもらうことが大切です。

そのためには、まず歯の大切さを正しく理解してもらい、デンタルＩＱを高めることが不可欠なのです。

患者さんのデンタルＩＱをアップすることによって、満足度も必然的にアップします。

ホームページの目的はＰＲではない

今の時代は、歯科医院を選ぶ際にインターネットで検索して、その評判や、治療内容、どんな医師がいるのかなど細かく比較検討する人が増えています。

当院も、以前は９割が口コミで来院される患者さんでしたが、今は「ホームページを見て来ました」という患者さんが約３割に増えました。

初診の患者さんに限ってホームページ上で24時間いつでもオンライン予約ができるようにしているので、それを利用する人も増えています。

「お父さん、このクリニックは近いし、設備も整っていてよさそうだよ」

「おばあちゃん、この医院なら、いろいろ相談できそうだよ」

スマートフォンやパソコンを使わない年配の患者さんでも、家族がネットで調べて、勧める場合もあります。

ネットで医院選びをするのがスタンダードになってくると、どんなに最先端の設備を整え、どんなに素晴らしい医療サービスを提供していても、ホームページがなければ、医院の存在にさえ気づいてもらえません。

また、ホームページを持っていても、広告宣伝ばかりで、患者さんが知りたい診療内容や料金などが不明瞭だと、不安になって選択肢から外されてしまいます。

当院のホームページの目的はＰＲではなく、患者さんのデンタルＩＱを高めることをコンセプトにしています。

診療内容や料金、診療の流れ、ポリシー、各種症例、設備や院内の紹介、医師の紹介、患者さんの声など、あらゆる情報を公開しています。

初診の患者さんに対して「まずお伝えしたいこと」として、当院の基本理念や考え方を明確に伝えるようにしています。

ホームページをじっくり見た上で当院を選んでくださった患者さんは、必然的にデンタルＩＱの高い人が多いと感じます。

差別化ポイントは「人の顔」が見えること

当院のホームページ上では、スタッフ全員の紹介をしています。院内にも笑顔写真付きで貼り出しているのですが、プロフィールはありきたりのものではなく、各人の個性が見えるように工夫しています。具体的な年間目標や、患者さんへのメッセージ、他のスタッフが認めるよい点、果ては趣味や星座、動物占いの動物名まで公開しています。

さらに、「鴨居歯科医院」をもじった「かもしか通信」という院長ブログやスタッフブログもこまめに投稿しています。

毎日更新したほうが、インターネット検索で上位になるという理由もあります。しかし、通りいっぺんの情報だけで、他に何も伝わってくるものがなければ、即ページを閉じられてしまうだけです。

クリック1つであっという間に別の医院のホームページに飛んでいかれないように、差別化が必要です。

私が考える差別化のポイントは、人の顔が見えることです。

当院では、患者さんのニーズやウォンツを把握するために、初診の患者さんにアンケートをとっているのですが、「なぜ当院を選んだのですか？」という質問に対する答えが近年大きく変わってきています。

以前は、「技術が高いから」「最新設備が整っているから」「腕がいいというウワサを聞いたから」という答えが大多数でした。

しかし、今は、当院のホームページ内にある「患者さんの声」を紹介したページをじっくり読んだ上で来院される方が増えており、「先生やスタッフの応対がいいから」「ホームページの内容がよかったから」という声が目立ち、スタッフに対する信頼や親しみやすさも重視されています。

ホームページは、患者さんとスタッフをつなぐかけ橋としての役割も担っているのです。

隠れ家ＢＡＲの如く――医院の看板をデカデカと出さない

「看板を見て来る患者さんは、あまりいい患者さんじゃない」

私の恩師はよくそういっていました。

なぜなら、歯科医にとっていい患者さんは、デンタルＩＱが高いので、歯科医院の看板を見て来るわけではなく、他の理由で医院を選んで来るからです。

「あのクリニックは、こんな治療もできるらしい」

「あの医院はスタッフの対応がよくてすごく評判がいいんだって」

いい患者さんは、そんな口コミを重視して来るのです。

当院はＪＲ塩尻駅から徒歩８分、塩尻ＩＣから車で５分の立地なのですが、大きな通りに面しているわけでもなく、住宅地の中にあり、一見、普通の民家のような外観です。

恩師の教えを守って大きな看板を出していないため、初めて来院される患者さんの中には、ときどき道を迷われる方がいらっしゃいます。

以前、当院の目の前にあった八百屋さんにも、「鴨居歯科医院はどこですか？」としばしば尋ねられ、「すぐそこですよ！」と教えていたと伺いました。

ちょっと不親切なんじゃないかと思われるかもしれませんが、看板だけを見て来るのではなく、口コミなどで「この医院にぜひ来たい」と来院される患者さんを大切にしたいという思いから、開院当初より45年間、看板を出さない主義を貫いています。

飲食店でも、本当に美味しい料理を提供するお店は、看板をデカデカと出さず、むしろ隠れ家のようなひっそりした佇まいでも、口コミでお客さんがどんどんやって来ます。同じように、本当に素晴らしい歯科医療サービスを提供する医院でしたら、患者さんのほうから探してやって来てくれます。

「あのぉ、迷っちゃったんで、道を教えてもらいたいんですけど」

「車で向かってるんですけど、どこで曲がればいいですか？」

看板がなければ、そんな問い合わせの電話がしばしばかかってくるでしょう。

そのたびに、スタッフは道案内の説明をする手間が生じますが、それを決して面倒だと思ってはいけません。

「はぁ、また道案内か、やれやれ……」

「ああっ、この忙しいときにもう！」

電話をとったスタッフの心の中に少しでもそんなウンザリ感やイライラ感があると、それが電話の向こうにも伝わってしまうからです。電話は顔の表情が見えないだけに、微妙な声のトーンで深層心理が意外と簡単に見抜かれてしまいます。

「えっ、いきなり溜息つかれて感じ悪っ！」

「うわっ、なんかせかせか忙しそうで怖い……」

と電話だけでいきなりネガティブな印象を持たれて、せっかくのご縁を失ってしまうことになります。

もしも電話の相手が自宅にお招きした大切なお客さまだとしたら、きっと心から気遣って、親身に道案内をしますよね？

初めて来院される患者さんも、そうしたお客さまと同じです。

わざわざ電話で道を尋ねるという手間をかけてまで、来院しようとしてくださっている大切なお客さまなのですから、できるだけ親切かつわかりやすくナビゲートしてさしあげましょう。

KAMOI DENTAL CLINIC

インプラント

電話の向こうにも「笑顔」が伝わる

電話対応の際、どんなに丁寧な言葉づかいで話したとしても、顔が無表情だと、不思議とそれが相手にも伝わってしまいます。

「テレビ電話じゃあるまいし、そんなのわかるわけがない」と思われるかもしれませんが、笑顔の声と、無表情の声は、意外と簡単に聞き分けることができます。

信じられないという方は、ぜひ試しに誰かに電話してもらって実験してみてください。笑顔の声は柔らかさや思いやりが感じられるのに対して、無表情で話す声はまるでロボットのように硬く冷たい印象を受けます。

数年前に流行ったテレビドラマ『家政婦のミタ』のミタさんのように、ニコリともせず、「かしこまりました」「承知いたしました」などというと、電話でもその無表情な硬い感じがそのまま伝わってしまうのです。

「慇懃無礼《いんぎんぶれい》」という言葉があるように、ニコリともせずに敬語を多用した話し方は、相手を見下した印象を与えてしまうことがあります。

一流と呼ばれるホテルや名店は、電話対応も大変丁寧でスマートですが、決して冷たくよそよそしい印象を与えたりはしません。

なぜなら、電話の向こうでもちゃんと笑顔で対応しているからです。接客のプロは、電話であっても笑顔はもちろん、丁寧にお辞儀もしています。

逆に、電話で笑顔を感じない冷たい印象を受けたとしたら、そのホテルやお店は一流とはいえません。

コールセンターなどでも、笑顔で対応したほうが、顧客の満足度が高いといわれています。

しかし、スタッフに「もっと笑え！」と上からガミガミいっても、引きつった笑顔にしかならないでしょう。

それに、愛想笑いを浮かべていても、〝心が無表情〟であれば、相手に笑顔の魅力は伝わりません。

一般に、医院に電話をしてくる人は、自分や家族の身体に問題が生じて困っている可能性が高いといえます。

そんな人に対して、心からの思いやりを持って接するのは、ごく当たり前のことです。

心から相手を思いやる気持ちを持つことができれば、見ず知らずの患者さんでも、自ずと温かい笑顔で電話の対応ができるはずです。

電話の第一声が第一印象を決める

当院では、電話応対のマニュアルを作っていますが、より良い応対を目指して、何度も改善しています。

たとえば、医院に電話がかかってきた際の第一声だけでも、次のように変化しています。

「はい、鴨居歯科医院です」
←
「こんにちは（おはようございます）。鴨居歯科医院です」
←
「こんにちは（おはようございます）。鴨居歯科医院の○○です」

↓
「こんにちは（おはようございます）。鴨居歯科医院、受付担当の○○です」
↓
「お電話ありがとうございます。鴨居歯科医院、受付担当の○○です」
電話を切る際に「お電話ありがとうございました。受付担当の○○が承りました」

この変化を見ておわかりの通り、最初はシンプルな返事のみでしたが、そこにあいさつが加わり、きちんと名乗るようになり、さらにあいさつが電話をかけてくださったことへの感謝に変わりました。

ほんのささいな違いかもしれませんが、じつはこの第一声で、印象がまったく違ってきます。

実際にあなたが当院に電話をしたとして、「はい、鴨居歯科医院です」といわれるのと、「お電話ありがとうございます。鴨居歯科医院、受付担当の○○です」といわれるのでは、後者の方が人間的な温かさや誠実さを感じませんか？

初めてのところに電話をするときは、誰でも少し緊張しますし、不安を感じています。

「お電話ありがとうございます」という感謝の言葉は、そんな緊張や不安を即座に払拭します。

さらに、「受付担当の○○です」と、丁寧に名乗ることで、「この医院は、スタッフひとりひとりが責任を持って誠実に行動しているんだなぁ」という印象を与えます。

つまり、電話の第一声に配慮するだけで、安心感や信頼度がぐっと増すのです。

当院では、こうした応対の言葉だけでなく、笑顔で話すように心がけています。

また、ぼそぼそと話すのではなく、声も少し高めのトーンにするようにロールプレイで徹底しています。

「人は見た目が9割」といいますが、電話対応の第一声も「見た目」と同じくらいインパクトが大きいので、十分に気を配る必要があります。

1日に100人以上来院しても行列ができないワケ

「忙しいのに医者に診てもらうだけで、半日はつぶれてしまう……」

「ちゃんと予約しているのに、なんで長時間待たなきゃならないの？」

「治療が済んだ後の会計で15分以上待たされるのはばかばかしい!」

医療機関に対するそんな不満の声を耳にすることがあります。

実際、人気のある医院や歯科も、開院前から患者さんが行列を作っていたり、待合室に人があふれていることがよくあります。

繁盛している飲食店でも、よくランチタイムやディナータイムにずらりと長い行列ができていますが、目当てのものが食べたくて楽しみに待つのと、治療の必要性があってやむをえず待つのとでは意味合いが違います。

飲食店なら、「この店のカレーが食べたかったけど、混んでいるからあきらめて別のカレー屋に行こう」とか、「今日は残念だけど、カレーはやめて、パスタにしよう」といった選択ができます。

しかし、歯科医院の場合は、「今日は混んでいるから、かぶせものだけ別の歯科医院に作ってもらおう」などというわけにはいきません。

予約していても、長時間お待たせしたり、予定時間より治療時間がかかると、予定を狂わせてご迷惑をおかけすることになります。

わざわざ足を運んで来てくださった方の貴重な時間を奪わない——それはすべてに通じるサービスの基本だと思います。

当院は1日に100人もの患者さんがおみえになりますが、クリニックの前に行列ができたり、待合室に人があふれていたりすることはまずありません。

なぜなら、ハードとソフトの両面で患者さんをお待たせしない体制を整えているからです。

当院は2棟の建物に12室の診察室を有し、多くの患者さんを診療できる設備と医療スタッフを揃えています。

また、患者さんが予約した時間には診察室にお通しして、基本的には約30分で治療が終了するようにタイムスケジュールを組んでいます。

時間がかかる治療を行う場合は、「次回はインプラント手術なので、2時間はかかります」などと事前にきちんと伝えます。

たとえば午後3時に予約されたら、午後3時には患者さんを診察室にご案内するように時間厳守に努めているので、患者さんにも必ず予約時間通りに来ていただくようにお願いしています。

もし予約時間に15分以上遅れて来られたら、次回の予約として先延ばしにしています。初診の際にも「10分以上の遅刻の場合、予定していた処置ができなくなることがあります」とお伝えしています。

「たった10分遅れたぐらいで?!」と思われるかもしれませんが、遅れた患者さんを受け入れると、その次の患者さんも、その次の患者さんもどんどん診察時間が遅くなってしまいます。

結果的に、たった1人の遅刻のせいで、その後に予約している何人もの患者さんにご迷惑をおかけしてしまうことになるのです。

もちろん、強い痛みや腫れを訴えているような緊急処置が必要な患者さんには、可能な限り融通を利かせるようにしています。

しかし、単に時間にルーズで遅刻をしたり、予約もなく来院された場合は、改めてご予約を承っています。

診察が済んだ後の会計や次回の予約なども、診察台に座ったままスムーズに済ませるようにしているので、診療後もムダにお待たせすることが一切ありません。

当院はリピーターが多いこともあり、患者さんも「鴨居歯科医院は必ず予約時間通りに診てくれるから、遅れるわけにはいかない」と思われているようで、遅れる方はまずいません。

こちらが時間を守れば、患者さんもきちんと時間を守ってくれるのです。

「医療機関では待たされて当たり前」という世の中の悪しき常識を覆し、患者さんの貴重な時間を奪わないよう改善に努めることが、これからの医療サービスに求められていると思います。

事前連絡でキャンセルゼロ対策

不測のキャンセルは、予約システムを導入しているすべての機関において悩ましい問題です。

特に当日のドタキャンは、せっかくその方のために空けておいた時間や、事前準備がすべてムダになってしまいます。

当院では、予約のキャンセルについても、長年いろいろな対策を講じてきました。

まず、キャンセルは前日までにご連絡いただくようにお願いしています。インプラント手術のような長時間のアポイントの場合は、前日にこちらから確認の電話を入れるようにしています。

実際、患者さんはときどきアポイントをうっかり忘れていることがあるので、事前連絡によって、「ああ、予約は明日でしたね！　忘れるところでした！」と、リマインドに役立っています。

ただ、患者さんがご不在の場合、留守番電話にメッセージを残しても、気づかない場合もあります。

過去に1度でもキャンセルをされたことのある患者さんに対しては、電話だけでなく、メールでも予約確認の連絡を入れています。

メールアドレスを教えていただける患者さんには、一方的でなく、一週間前と前日にメールを送り届けています。

医院のＩＴ化が進むと、電話やメール以外にもさまざまな連絡方法が取り入れられていくのではないかと思います。

より良い連絡方法を駆使して、「キャンセルゼロ」を目指すことで、ムダをなくし、さらなるサービス向上を図ることができます。

ファーストカウンセリングでニーズ&ウォンツを把握

「痛いことされたらイヤだなぁ……」
「やぶ医者じゃないといいなぁ……」
「治療する先生が毎回代わるのは不安だなぁ……」

初めて来院される患者さんは、いろいろな思いを抱いておられます。口コミなどで多大な期待感を持って来られる方もいる一方、他の歯科医院で不手際などがあって、歯科医療に対して強い不安感や警戒心を抱いている方もいます。

まずは、そうした患者さんひとりひとりのニーズ&ウォンツをつかむことが大切です。

当院では、初めての患者さんは個室のカウンセリングルームにご案内し、デンタルマネージャーによる30分から60分のカウンセリングを受けていただきます。

もちろん、緊急処置・応急処置が必要な場合は直ちに診療をしますが、そうでない場合は、まず診療申込書（問診票）を書いてもらい、それをベースにヒアリングをしてニーズ

&ウォンツを引き出すのです。

診療申込書には、歯や歯肉、入れ歯、インプラントなどの問題や、現在の病気、服用薬、アレルギーの有無、治療の希望などを具体的に記入してもらいます。この診療申込書は当院のホームページからもダウンロードできるようにしているので、事前に書いて持ってきていただくこともできます。

カウンセラーは患者さんの歯の悩みや健康観をはじめ、今までの歯科医療に対する不満や不安なども詳しく伺います。

特に歯科治療や歯科医院に対するマイナスイメージがあると、途中で治療をやめてしまうといった事態になる可能性があるので、最初の段階でクリアにしておくことが肝心です。

「金属アレルギーかもしれないから、詰めものを取り換えてほしい」

「結婚式までに歯の色や歯並びをもっときれいにしてほしい」

「この入れ歯ではよく噛めないので、もっと噛めるようにしてほしい」

「自費診療でもいいから、とにかく耐久性が一番高いものにしてほしい」

「できれば女医さんにお願いしたいなあ」

などなど、患者さんのさまざまなニーズ&ウォンツをカウンセラーが引き出します。

初診で来院された患者さんに行うこの「ファーストカウンセリング」で、患者さんの主訴や来院動機を把握し、歯科医療に対して悪い印象を与えないようにします。

そして、カウンセラーは患者さんに伺ったことを問診票に記入し、担当ドクターに正確に伝えます。

カウンセラーが自分のニーズ&ウォンツをきちんと理解し、かつ担当ドクターに正確に伝えてくれることから、医院内で情報伝達がスムーズに行われていることに患者さんは安心感を覚えます。

いろいろな不安を抱いている患者さんに対してドクターがいきなり治療を始めるより、デンタルマネージャーが最初に意向をしっかり伺うというひと手間を入れることで、患者さんの信頼感がぐっと増します。

初診の患者さんは、診療の終わった後、担当したマネージャーが再度ヒアリングして、受けた診療について様子を聴きます。

担当した歯科医の対応、処置についても感想を言ってもらいます。

アウェイをホームに変えるウエルカムカード

予約したレストランのテーブルや、ホテルのお部屋に自分の名前が書かれたウエルカムカードがあると、「自分のことを温かく迎えてくれているんだな」「細かなところまで気配りが行き届いているなあ」と感じますよね。

当院では、初めての患者さんが診察室に通されて、診療椅子に座ったときに目に入るところに、次ページのようなウエルカムカードをご用意しています。

一般に、人は初めて訪れるアウェイの場所では、緊張したり、警戒心を覚えます。それが素敵なレストランであれば、そうした緊張感もワクワクする高揚感とあいまって楽しめるかもしれません。

けれども、歯科医院となると「怖い」「痛い」という恐怖感や苦手意識を持っている人が多く、特に初診の患者さんは、いざ名前が呼ばれて診察室に案内されたときには、顔の表情もガチガチに緊張してかたまっていることが少なくありません。

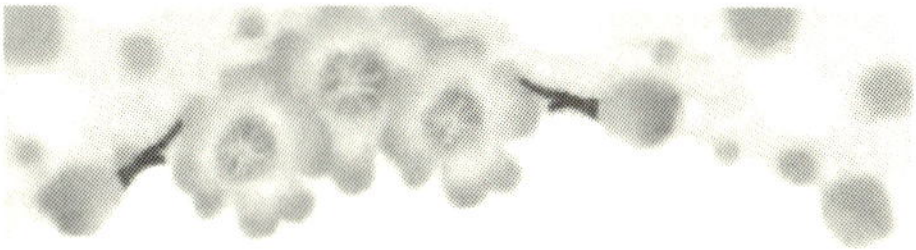

本日は 鴨居歯科医院を
お選び いただき
ありがとう ございます。

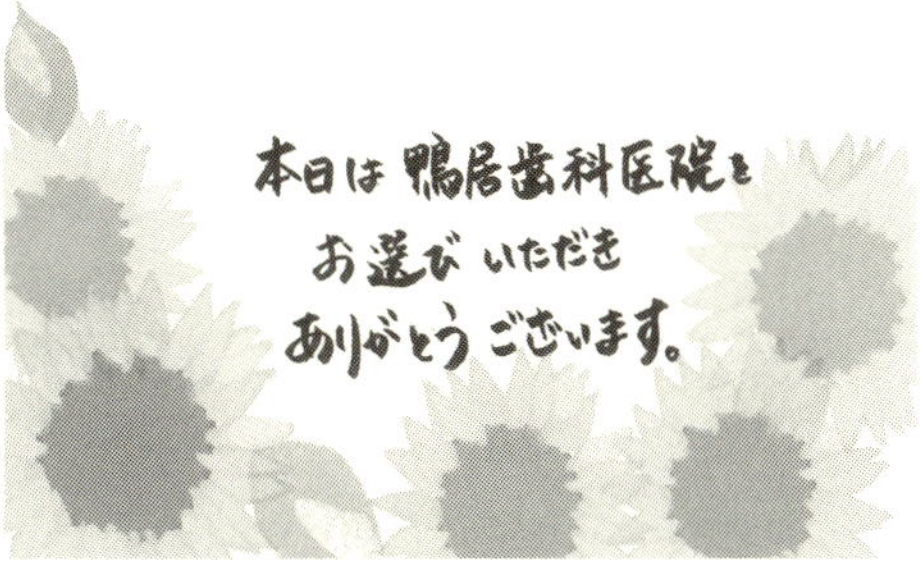

本日は 当院を
お選び いただき
ありがとうございます。

医療法人 弘仁会
鴨居歯科医院
インプラントセンター

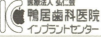

緊張して神経がピリピリ過敏になっていると、ちょっと触れただけでもビクッと動いてしまったりするので、細かな治療をする際に支障をきたします。

そんなとき、診察台に置かれた自分のフルネームと感謝の言葉が入った手書きのウエルカムカードを目にすると、緊張した面持ちの患者さんも、ふっと笑顔になります。

それは、患者さんにとってそれまでアウェイだった場所が、ホームに変わったことを物語る瞬間です。

「ここは、自分に丁寧に向き合ってくれるところなんだな」

たった1枚のウエルカムカードでも、医院の真摯な姿勢が伝わります。

ドクターやスタッフが笑顔で対応するだけでなく、患者さんからも笑顔を引き出すことがおもてなしの基本です。

初診時から同じスタッフと情報共有

「毎回担当ドクターが違うから不安……」

「患者さんがたくさん来るから、私を他の患者さんと間違えたりしないか心配……」

「いろいろ説明されたけど、よく覚えていない……」

患者さんにそんな不安を抱かせないためには、初診時からのコミュニケーションを大切にし、情報を共有しながら歯科治療に取り組む必要があります。

当院では、患者さんを担当するドクターや歯科衛生士は、一貫して変わらないようにしています。たとえばAさんが予約を入れられる際には、必ずAさん担当のドクターと歯科衛生士のスケジュールも押さえます。

初診時には、担当ドクターや歯科衛生士が自分の名刺を渡してあいさつをします。

また、ウエルカムカードと共に、「初診パック」というA4サイズのクリアファイルに入れたオリジナルの資料一式を患者さんにお渡しします。

「初診パック」には、先述の診療申込書（問診票）をはじめ、詰めもの（インレー）やかぶせもの（クラウン）の種類や特徴、料金、保険診療と自費診療の違い、歯ブラシやデンタルフロスの使い方といった基本情報に加え、その患者さんのニーズ&ウォンツに合わせた資料をセレクトし、ファイルにしています。

金属アレルギーを心配している患者さんには、それに関する資料を加えますし、レントゲン（X線）やCTスキャンでどのくらい放射線を浴びるのかを心配される患者さんには、放射線量について説明した資料を加えます。

患者さんの満足度を高めるためには、そのデンタルIQを高めることが不可欠であるというお話をしましたが、「初診パック」はまさにデンタルIQを高めるために必須のツールです。

初診時に、口腔全体を写すエックス線撮影や、歯肉のチェック、歯の汚れなど検査を行い、その結果に基づいて「セカンドカウンセリング」を行い、患者さんのお口の中の状態を説明し、それに合わせた治療法のご提案やご相談をします。

そして、患者さんの意向に合わせて最善の治療計画を立て、治療終了までに要する期間、回数、費用なども提示し、すべて納得していただいた上で治療に入ります。

説明した資料や検査データなどもすべて「初診パック」のファイルに入れてお渡しするので、患者さんが後で再確認したり、家族とも情報共有することができます。

「初診パック」のファイルにある情報は、担当スタッフも共有しているので、情報を取り違えるようなミスもありません。

また、患者さんが来院されるたびに、治療前と治療中と治療後の歯の写真など、「初診パック」のファイルに資料を随時追加していきます。

どんなにひどいむし歯や歯周病でも、治療してすっかりきれいになってしまえば、どこが悪かったのかさえわからなくなることがあります。

「喉元過ぎれば熱さを忘れる」といいますが、治ってしまうと、また歯のケアを怠って、むし歯や歯周病になってしまう患者さんもいます。

しかし、治療過程の写真を記録しておくと、ビフォー・アフターが一目瞭然なので、「ああ、前はこんなにひどい口の中だったんだなあ。もう2度とこんな状態にならないようにちゃんと歯磨きをしよう！」と、歯科ケアに対する意識が自ずと高まります。

また、「悪いところがすっかりよくなって、見た目もきれいになってうれしい！」と、治療に対する満足度もアップします。

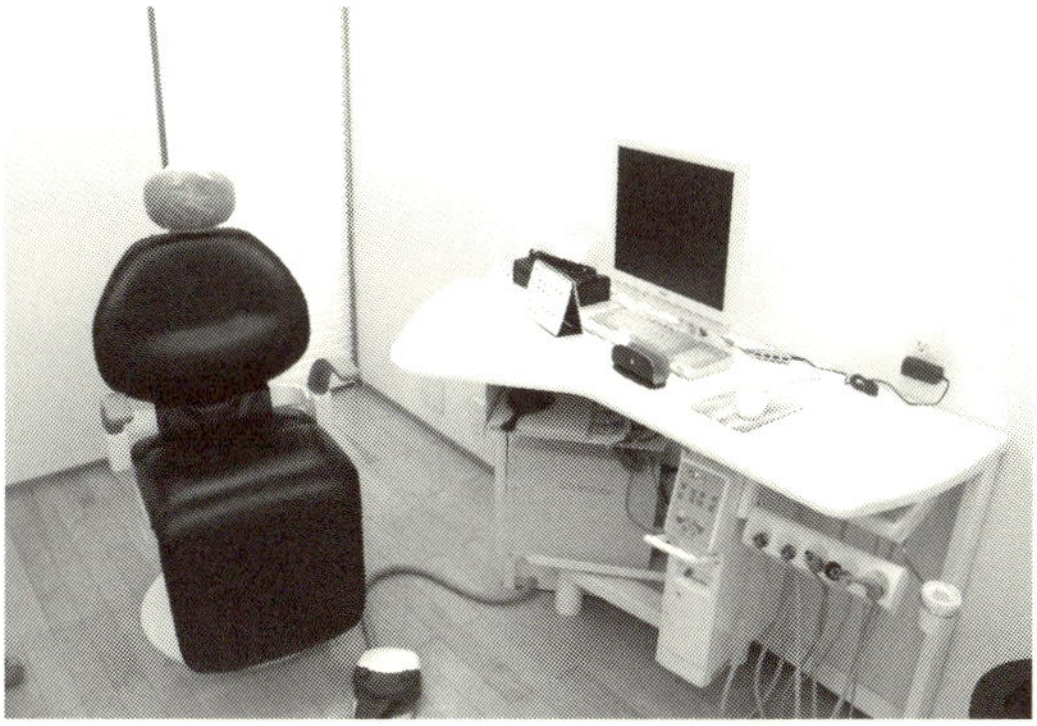

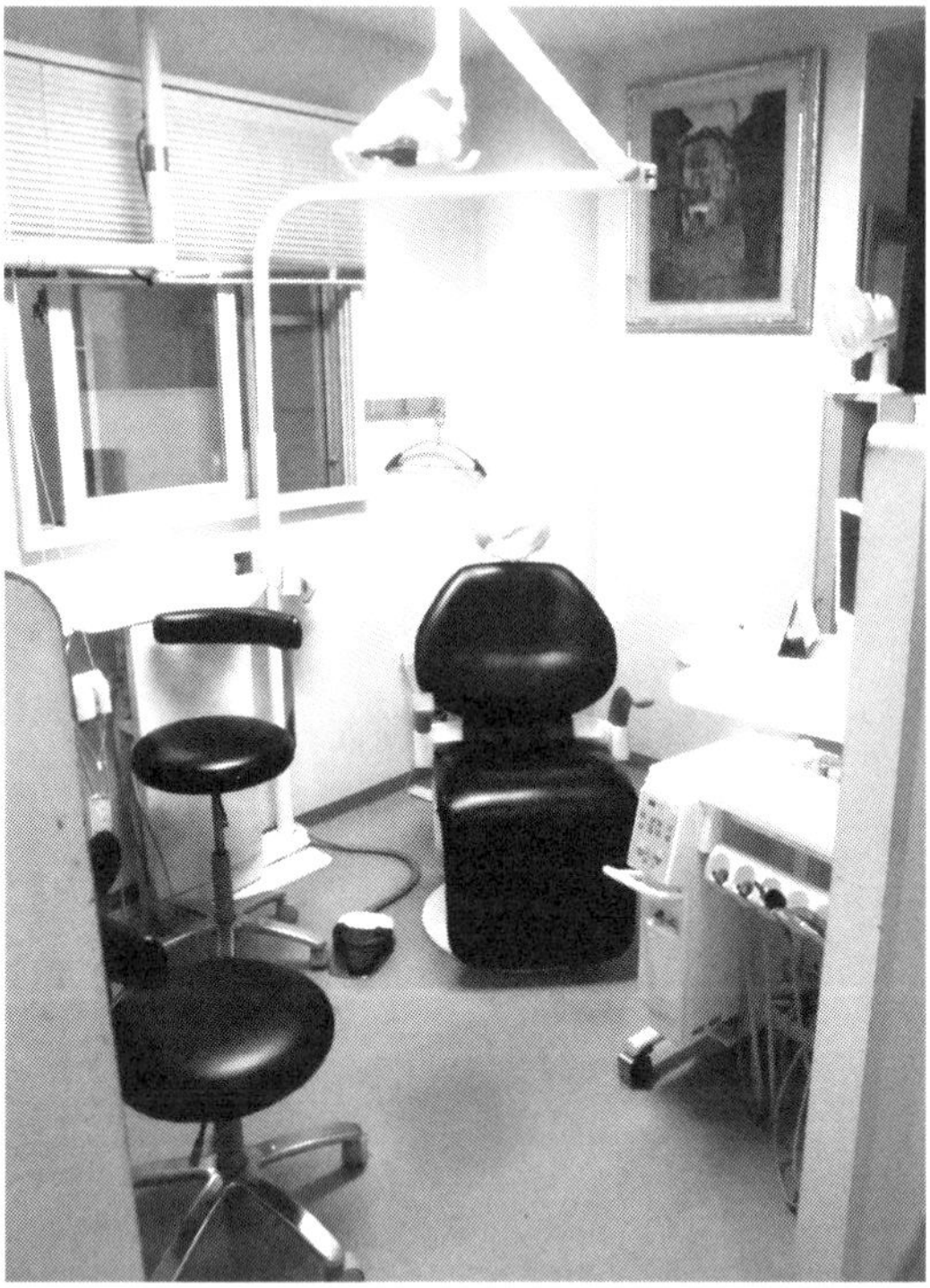

何気ない雑談から生まれる信頼関係

「また同じこと聞かれた……この話、前もしたんだけどなぁ」

知人や友人と話していて、一度話したことなのに、相手がすっかり忘れてしまっているという経験はありませんか？

飲食店や小売店、美容院などでは、いつもおみえになっているお得意さまとスタッフが世間話をすることがよくあると思います。

スタッフにしてみれば、仕事をしながらの何でもない雑談に過ぎないのかもしれませんが、相手は意外と覚えているものです。

たとえ雑談であっても、自分が話したことを相手がすっかり忘れていると、「ああ、この人にとって、自分なんて、取るに足らない存在なんだな」という気持ちになってしまいます。近年は「雑談力」に関する本も多数出ており、何気ない雑談こそコミュニケーションに欠かせないものであるといわれています。

当院では、患者さんが発信した言葉は、たとえ治療の合間の雑談であっても、担当医師やスタッフが共有する「コミュニケーションシート」という黄色い用紙に記録し、カルテや必要書類一式と共に、透明ファイルの最後に入れます。ファイルを見ると、その黄色いコミュニケーションシートがサッと目に入るので、患者さんと話題にしていたことも、すぐに思い出せます。

「週末は温泉に行くんですよ」

「先日、孫が2歳になりまして、もうかわいくてねえ」

たとえば、そんな話を伺ったら、次にその患者さんが来院されたとき、「温泉でゆっくりできました？」「お孫さんもそろそろ乳歯が生えそろってきたのでは？　小さいうちからむし歯に注意してくださいね」などと、さりげなく話題にします。

「へえ、この前ちょっと話しただけなのに、覚えていてくれたのね！」

「この人は、私のことを考えてくれているんだなあ」

自分が何気なく話したことを相手が忘れずにいてくれると、自己承認欲求が満たされてとてもうれしいものです。

逆に、「週末はどこかに行かれたんですか？」「お孫さんはいらっしゃるんですか？」などと、前に患者さんが話したことをケロッと忘れた無神経な質問をすると、「この人は、どうせ私の話なんて適当に聞き流しているんだろうな」と思われてしまいます。

「たかが雑談ぐらい」と思われるかもしれませんが、一事が万事なので、軽んじてはいけません。

もし相手が大切な家族や友人なら、雑談でも親身に受けとめますよね。

治療に関わることはもちろん、何気ない雑談も聞き流さないことで、患者さんとの信頼関係が堅固になり、家族ぐるみでリピーターになってくれるような、素晴らしいご縁に発展していくのです。

マスク着けっぱなしは非礼

一般に医療機関では、ドクターもスタッフも常に医療用マスクを着用しています。

特に歯科医院では、患者さんと顔を近付けて治療をするので、互いに感染を予防するためにも、ドクターや歯科衛生士が歯などを削った粒子を吸い込まないようにするためにもマスクは不可欠です。

医療機関ではマスク着用が当たり前なので、互いに違和感を覚えることはありませんが、患者さんにしてみれば、院内で会うスタッフみんなの顔半分が大きなマスクでピッチリ覆われていると、誰が誰だかよくわかりません。

しかもマスクをしていると、目しか見えないので、マスクの下でどんなに笑顔でいても、表情がよくわからず、心理的に不安になります。

「はじめまして。私は○○です。よろしくお願いいたします」

通常、初めて会う人に自己紹介をするときは、風邪や花粉アレルギーなどでやむをえない場合以外は、マスクを外してあいさつしますよね？

医療機関でも、患者さんに初めてあいさつをするときぐらいは、ドクターもスタッフもマスクを外すのが礼儀だと私は思っています。

マスクは英語では「仮面」という意味です。仮面を着けたままあいさつをするのは不自然ですよね。

当院では、同じドクター、同じ歯科衛生士が一貫して担当するようにしており、最初のごあいさつのときには必ずマスクとキャップ、手袋を外します。

そして、名刺を渡して、「私が院長の鴨居です。これから○○さんの担当をさせていただきますので、どうぞよろしくお願いいたします」と笑顔で自己紹介をして、心を込めてお辞儀をしてから治療に入ります。

ひと昔前は、ドクターが患者さんに対してあいさつをするどころか、上から目線でいばっているイメージをお持ちだった方もいるかもしれません。

しかし、医療もサービス業ですから、数ある歯科医院の中から自分の医院を選んで来てくださった患者さんに対して、襟をきちんと正して礼を尽くすのが筋です。

ドクターやスタッフがマスクを外し、笑顔で丁寧にあいさつをすることによって、患者さんも「この人は自分にしっかり向き合って、自分のことを尊重してくれている」と信用してくださいます。

この第一印象が、肝心なのです。

日々の仕事に忙殺されていると、マスクを取って、笑顔であいさつすることをつい忘れてしまうかもしれません。

けれども、こうしたほんの小さな気遣いの積み重ねが、患者さんの安心感や信頼感につながっていくのです。

医師をはじめ、スタッフ全員があいさつを徹底

治療途中で来なくなる患者さんに再来院してもらうコツ

「歯の痛みがなくなったから、もう診てもらわなくてもいいや」

「詰めものをしてもらって、歯に食べ物が詰まらなくなったから、これで十分」

そんな風に、患者さんの中には治療の途中で来なくなってしまう人がときどきいます。

むし歯になった箇所や神経を取って痛みがなくなり、仮の詰めものやかぶせものを施すと、食事もできるし、パッと見たところでは問題なさそうに見えるかもしれません。

しかし、前述しましたように、治療途中で放置するのは、穴の開いた屋根に応急処置をした状態のまま、風雨に日々さらされながらその家に住み続けるようなものです。飲食物が毎日どんどん入ってくる口内では、治療途中の歯はどんどん侵されてしまいます。

軽い風邪や軽い傷なら、安静にしていれば自然治癒していくこともありますが、むし歯や歯肉炎は治療途中で放置すると、悪化することはあっても決して自然治癒はしません。

治療を放置している患者さんは、そのことに何となく後ろめたさを感じています。

「治療を途中でほったらかしにしちゃって、なんだかもう行きにくいなあ……」

そんな気持ちになりがちです。こうした患者さんに再来院してもらうためには、こちらから患者さんに電話連絡をする必要があります。その際、コツがあります。

「その後どうされました？　何かあったのかと心配になってお電話をさしあげました」

こういうと、治療途中で来なくなっていた患者さんに100％再来院してもらえます。「あなたのことを心配しています」と気にかけられると、「行きにくいなあ」という気持ちがスッと消え、「早く行こう」という気持ちに変わるのです。

患者さんのデンタルＩＱを高めれば、治療途中で来なくなることを防げますし、治療が終了した後の定期健診にも来てもらえるようになります。

1カ月、3カ月、6カ月、1年ごとと、患者さんの状況に応じて口の状態を定期的にチェックすることによって、むし歯の予防や、歯肉の健康維持ができ、80歳になっても20本の歯をキープできる「80－20運動」も促進されます。

ムリ・ムダ・ムラを排除し、クレームゼロに

当院では、患者さんの満足度がアップする診療を行うために、毎年さまざまなスローガンを作って目標達成に励んでいます。その一例をご紹介します。

「ムリ・ムダ・ムラ」の排除

何ごともムリ・ムダ・ムラがあると、そのしわ寄せが生じます。

仕事中は「ムリ」のない動きをし、「ムダ」のない働きを心がけ、「ムラ」のない診療を行うことで、作業効率がアップし、スピーディでスムーズなサービスを実践できます。

「3ゼロ運動」の達成

「3ゼロ」とは、クレームの発生をゼロにし、診療中に来なくなる患者さんをゼロにし、技工物が合わずに再製作するのをゼロにするという、3つのゼロを意味しています。

たった3つのゼロですが、これを100%達成するためには、スタッフ全員が万全の体制で診療に臨む必要があります。

「20年保証」できる口腔管理体制

20年間保証できる口腔管理体制を整えるためには、エビデンスに基づいた治療をはじめ、予防システムの確立、精度の高い補綴《ほてつ》物を提供する技術力、そしてスタッフ一丸となった啓蒙運動が大切です。

こうしたスローガンは、単に聞こえのいい言葉を並べただけの飾りではありません。パッと見た目は短い言葉ですが、実際に達成するためには、ひとりひとりの日々の小さな努力とチームワークが欠かせません。

スタッフのミーティングルームにもこうしたスローガンを貼り出し、医院のホームページにも公開することで、スタッフ個々の意識向上につながり、それらの積み重ねが、患者さんの医院に対する満足度アップにつながっていくのです。

ヒト型ロボット「ペッパー君」も新入社員に！

2016年3月から、歯科医院では初のヒト型ロボットペッパー君を「新入社員」として導入しました。

ペッパー君は製造元のソフトバンク社からリース契約しており、今は別棟にある「インプラント審美サロン」の受付で、患者さんのおもてなし役を担当しています。

胸のタッチパネルでクイズをしたり、ちょっとボケてみたり、応対がなかなかユーモラスで、患者さんたちも興味津々のご様子。早くも当院の人気者になっています。

今後、ペッパー君に顔認証アプリを入れることで、患者さんの顔を識別できるようになれば、治療手順などの説明も可能になると思います。

こうした先端的なテクノロジーを個人経営の医院や商店が取り入れるのはあまり前例がないかもしれませんが、患者さんのサービス向上やスタッフの作業面で役立つのなら、新しいものをどんどん積極的に試してみたいと考えています。

最近は、歯科技工室にCAD／CAM機器も導入しました。これも個人の歯科医院では非常に珍しいと思います。

CAD／CAMがあると、かぶせものやインレー、ブリッジなどの型どりをしなくてすみます。口腔内の写真を撮って、コンピュータ上で精密に作れるので、時間がぐっと短縮できます。

さらに、今まで手作業で行っていた工程も機械に任せられるので、歯科技工士さんの手間も労働時間も短縮でき、労働環境の改善にも役立ちます。

こうした新しいテクノロジーの導入を、患者さんのサービスに生かすことは大切ですが、それがスタッフにとって負担になるようでは問題です。

患者さんにも、スタッフにも、医院全体にもメリットがあることが大切です。

pepper

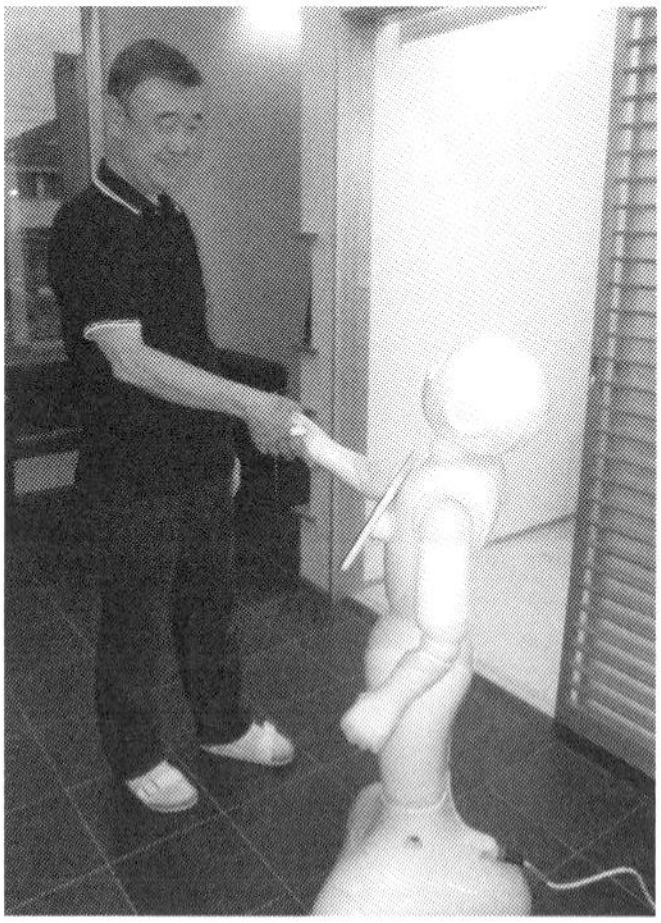

花に込められた愛のエール

個人の家でも、ホテルやレストランでも、入口や客間にみずみずしい季節の花が生けられていると、おもてなしの心が感じられてうれしいものです。

特に、冷たく無機的な医療器具が多い医療機関では、生命力を感じさせる生花があると、初めてで緊張していても、心がほっと和むのではないかと思います。

当院では、医院の外回りにも常に観葉植物を絶やさず、待合室や診察室のコーナーなどにも季節の花を常に飾っています。

フラワーコーディネートを担当してくれているのは、私と二人三脚で当院を支えてきてくれた妻の鈴江です。

「わざわざ来てくださる患者さんのためにお花を飾ってお迎えしたい。お花を見て患者さんに笑顔になってもらって、リラックスして治療を受けてもらえれば、うれしい。スタッフも職場にいつもきれいな花があると、明るい気持ちで仕事ができるでしょ」

妻はいつもそういって、朝一番に医院のあちこちに心を込めて花を生けています。

「知らない人はきっと、花屋のおばちゃんだと思っちゃうわね」

そう朗らかに笑う彼女は、どんなに辛いことがあっても、いつもハツラツと明るい笑顔を絶やさない太陽のような人です。

大きな花瓶いっぱいに生けられた植物には、そんな彼女の愛のエールが込められているのだと思います。若い頃は池坊の華道をたしなんでいたようですが、今は我流で生けているそうで、格好つけた生け方ではなく、彼女の明るさがそのまま宿ったような活力あふれるアレンジメントです。

「今日はどんな花が生けてあるのか楽しみに来たのよ」

「わぁっきれい！　写真撮らせてくださいね」

患者さんたちにもとても好評なので、ホームページにも実際に生けてあるフラワーアレンジメントの写真を随時アップしています。

生花は1度生ければそれでOKというわけではなく、毎日水を取り換えなければならないし、しおれた花や枯れた葉などがないか、こまめにチェックして手入れをする必要がありますす。それが医院のあちこちにあるのですから、みずみずしさをキープするためには、常に目配り気配りを怠ることができません。

とても手間がかかることですが、これは患者さんやスタッフに対する目配り気配りにも通じることです。

小さな花一輪にも目配り気配りできるということは、人に対してもこまやかな気遣いができるということです。患者さんはみずみずしい生花を眺めながら、そんなことを敏感に察知しているのではないかと思います。

フラワーコーディネーター　鴨居鈴江さんが医院のエントランスから院内の至る所に季節の花を生けています。

かもい

患者さんをファンにするおもてなし　～アンケートより～

より良い医院にするために、当院では患者さんに、アンケートのご記入をお願いしています。

患者さんの貴重な生の声は、ニーズ&ウォンツを知る上で、大変参考になっています。

実際にいただいたアンケートや、直接いただいたお手紙などをホームページで公開していますが、そこから一部抜粋してご紹介します。

患者さんの偽りのないストレートなご意見、ご感想は、励みになると同時に、次なる改善のためのありがたいアドバイスになります。

「お世話になった先生、衛生士さんはもちろんのこと、みなさん親切、丁寧、明るくあいさつしてくださるところが好きでした。患者さんの立場に立って考えてくれているなど感じました。小さなことも相談しやすく、最初から最後まで満足です」

「次に何をやるのかなど、治療の進め方を逐一お話していただき、納得して治療を受けられました。先生も衛生士さんも親切、丁寧に接していただき気持ちよく来院できました。治療が終わって、嫌いだった自分の歯が好きになりました。家族からもきれいになったね、といわれ本当に治療してよかったと思います。もっと早くから来ていればよかった」

「治療を受ける前は、早く治療したいけど、何日もかかると思うとなかなか歯医者へ行けませんでした。ブリッジもとれて人前で口の中が見えるのがとても嫌でした。治療を受けている間、なんでかわかりませんが、歯医者へ行くのが楽しみでした。多分、院長先生をはじめ、スタッフの方々の親切な接し方がよかったのだと思います。治療して人と話すことがとても楽しくなりました。気持ちまで明るくなりますね」

「個人個人に合った治療法や、金銭面での相談など詳しく説明してくださいます。毎回次回の治療内容、治療時間も教えてくださり、不安がなくなります。先生をはじめ、どのスタッフも笑顔が素敵で、隅々まで清潔にしておられ、気配りのできる方々がそろっています。治療後に電話をくださり、体調の心配までしてくださる歯科は、鴨居歯科だけです」

「生来、歯で苦しんできて、諦めかけていたときインターネットで貴医院を知り、思い切って電話。初診時、治療が長引くであろう私に『がんばってください』ではなく『一緒にがんばりましょう』といってくださったのは、ある種の衝撃でした。院長先生が団長の応援団がいてくださる（笑）ように思えて、最後までがんばろうと決心できました。

一年の時間とそれなりの費用はかかりましたが、今回インプラント治療を受けて、よかったと実感しています。しっかり噛め、食事が美味しいのはもちろん、きれいな歯になり、何をしても、見ても、聞いても穏やかな気持ちでいることができます。自然に口角が上がり、笑顔になっています。先日、十数年ぶりに口紅をひきました」

「前略　お礼のお手紙遅くなりごめんなさい。

長いようで短い1年間でした。バッチリきれいになり満足しております。

また、先生はじめスタッフの皆様の笑顔、応対、きれいなお花に迎えられ、次回、行くのが楽しみでしたので、1年間を長くは感じませんでした。

私共もお客様相手のサービス業としまして、見習う点が多くありました」

これらはほんの一部ですが、患者さんから「ここの医院に来てよかった」といわれると、スタッフ一同とても励みになります。

当院の２０１７年のメインテーマは「常時カイゼン」です。

世の中には「歯医者嫌い」「歯科医院が苦手」という人が数多くいますが、患者さんが歯科医院に行くのをためらう理由をよく聴いて、それを１つ１つ改善していくつもりです。

目指すのは、「治療に通うのが楽しみ」といわれる歯科医院になることです。

患者さんが「嫌い」と思っていることをなくして、気軽にヘアサロンやカフェに行くようなイメージで通える歯科医院が増えることを願っています。

第3章

ニコニコ笑顔を育む家族主義のスタッフ教育

スタッフはみんな大切な「家族」

近年、若い社員が企業の中で悩み苦しんで自ら命を断つような事件が多く、大切な家族を失った人の悲しみを思うと、胸が痛みます。

私も愛する娘を若くして病で失っているので、その底知れない悲しみの深さは痛いほどよくわかります。

私には亡くなった娘を含め4人の子どもがいますが、院長として、約30人のスタッフ全員も自分の子どもであり、かけがえのない家族だと思っています。

「スタッフはみんな私の大事な子ども」

開業以来45年間、スタッフをサポートしてくれている妻も、いつも口ぐせのようにいっています。

私が医院の「お父さん」、妻が「お母さん」というつもりで日々接しているので、子どもであるスタッフが誤ったことをすれば、ときに厳しく叱ることもあります。

「親の意見と冷や酒は後で効く」

ということわざがありますが、時間が経ってから酔いが回ってくる冷や酒のように、若い頃には親の叱咤激励を「面倒くさいなぁ」と思っていても、齢を重ねると、親の愛情のありがたさがじわじわと身に染みてわかってくるものです。

私がつい厳しく叱って落ち込んでいるスタッフには、妻がさりげなく「院長はいつもあなたのことをすごくほめているわよ。厳しいことをいうことがあるのは、あなたに期待しているからよ。あなたならきっとできるわよ」と、笑顔でフォローしてくれています。

妻はスタッフのメンタルや体調なども気遣い、スタッフの相談役として医院全体の潤滑油の役割を担ってくれています。

まるで昭和のオヤジと、肝っ玉母さんのような感じですが、スタッフも私たちの根底に家族と同じような愛情があるのをわかっているので、ついてきてくれるのだと思います。

もちろん、職場を家族主義にすることには、賛否両論あると思います。

しかし、当院ではあくまでも家族主義を重視し、スタッフだけでなく、出入りの業者さんも、ほかならぬ患者さんも、大切な家族と思って接しています。

大切な家族だと思うからこそ、最高の医療サービスの提供に全力で取り組めるのだと思います。

「人は見た目が9割」ではない！

第1章でお話ししましたが、開業当初、スタッフが一気に辞めてしまうという危機に見舞われたことがあります。

そのとき、たった1人だけ辞めずに残ってくれた若い女性のスタッフがいました。

採用面接で初めて来院したときのヘアスタイルはアフロ。ちょっと個性的な雰囲気で、正直、彼女が当院に入ってきたときは、「あまり長続きしないかもしれない」と心の中で思っていました。

しかし、予想に反して、その子だけが残ってくれて、その後も長く勤めてくれました。

「人は見た目が9割」などといわれますが、見た目だけで人を判断してはいないということを、このときにつくづく実感しました。

規格外の行動をする人は、エネルギーがたくさんありすぎて、それを発散する方法が他の人と少々異なるのだと思うようになりました。

その後も、そうした個性的なスタッフが、仕事に目覚めていくに従い、180度変わって人間的に大きく成長するさまを度々見てきました。

そうした目覚ましい変化を見るのは、〝親〟として本当にうれしいものです。

もう1つ、そんな事例をご紹介します。

当院には、かつてまったく笑顔を見せない受付の女性スタッフがいました。

「あの子、美人だけど、笑顔がないから受付に向いてないわよ」

「下を向いて顔を見ないで話をするし、鴨居歯科のイメージを悪くしてためにならないわよ」

患者さんから、そんな忠告を受けることもありました。

美容系の接客業から転職してきた女性でしたが、とても整った顔立ちで表情が硬かったため、冷たい印象を受けた人が多かったようです。

しかし、そのスタッフは患者さんの名前を覚えるのがとても早いという、受付として優れた点もありました。

もう少し仕事に慣れてくれれば、表情がもっとやわらいでくるのではないかと思い、しばらく見守っていました。

一度会った人の顔と名前は忘れない、家族関係、交友関係まで覚えている、という特殊な才能があった彼女は、「あの人誰だったっけ」と聞くと即、答えてくれる、なくてはならない存在となりました。

本人も、受付の仕事を通して経験値を上げていくうちに自信がついてきたようで、少しずつ患者さんとのコミュニケーションが上手になり、自然にいい笑顔を見せるようになってきました。

若いスタッフは、最初から何でもこちらの思うようにこなせるわけではありません。でも、スタッフも子どもと同じように、育て方一つで大きく成長します。

最初からスタッフの資質や限界を決めつけないで、ひとりひとりの成長を温かく見守りながら育成していく姿勢が大切です。

青山俊董先生は著書『泥があるから、花は咲く』（幻冬舎）の中で、「私が変われば世界が変わります。相手に変わることを求めず、ひたすらに自分がどこまで変われるかだけを自らに問うてゆく。たった一度の人生です。鬼を出さずに仏を出してゆこうと願い続けて生きていきたいと思うことです」と語っておられます。

まず私自身が学んで変わることで、スタッフも自ずと成長していくのだと思います。

笑顔を育む5つのモットー

当院では、スタッフの指標となるモットーを掲げています。

1　常に笑顔で！
2　仕事と思うな、人生と思え！
3　プロを目指す！
4　仕事が人を育てる！
5「ありがとう！」を一日一〇〇回

この5つのモットーは、私が常に自分自身に課し、スタッフにも言い続けてきたことです。とてもシンプルな言葉に集約されていますが、この5つがスッと腹におちていると、どんなに仕事が大変でも、前向きな気持ちで「よし、がんばろう」と思えます。

なぜなら、この5つはどれも自分自身の成長につながることだからです。

人は、仕事を通じて自分が成長していることを実感できると、人生に充実感を覚え、幸福度が増します。

何ごとも「仕事だから、しかたがない」というネガティブな考え方ではなく、「プロとして、もっと自分を磨こう」というポジティブな考え方で仕事に臨んでいると、技能も、モチベーションもぐっとアップします。

この5つのモットーのベースにあるのは、「笑顔」です。

どんなに忙しいときでも、どんなに疲れているときでも、どんなに仕事やプライベートでへこむことがあったときでも、「常に笑顔」でいることを心がけると、自然と気持ちも上向きになります。

「幸福だから笑うのではない。笑うから幸福なのだ」

これは『幸福論』で知られるフランスの哲学者アランの名言です。

岡山県の医師・伊丹仁朗《じんろう》氏の実験では、口角を上げて目尻を下げ、笑い顔になるだけでも、免疫力を上げるナチュラルキラー細胞が活性化したそうです。

また、脳内物質セロトニンが不足すると、うつなど心の病を招く一因になりますが、笑顔になることで脳からセロトニンが放出されて精神のバランスが整い、ベータエンドルフィンも分泌されることで多幸感がもたらされるといわれています。

近年のお笑いブームでも、笑いの効果が証明されています。

実際に落語や漫才を病院内で見せる実験をして、患者さんが大きな笑い声を発することで、免疫力がアップしたというデータもあります。


「心の持ち方で遺伝子のスイッチがオンになったり、オフになったりする」

「笑いという心の働きかけにより、遺伝子をオンに切りかえて生きよう」

遺伝子工学の研究者である筑波大学名誉教授の村上和雄先生は、こんな呼びかけをされているそうです。

「病は気から」ともいいますが、笑顔は心だけでなく、身体にも大きな影響を与えるのだと思います。

スタッフが常に笑顔を心がけることで、仕事に対してもポジティブになることができ、職場全体が多幸感に満ちた空間になるのです。

そうした職場環境が、スタッフのやる気を引き出し、プロとしての自信を培い、仕事を通して人生そのものが生き生きと輝くのです。

力を奪うネガティブ語と、活力を養うポジティブ語

笑顔は、普段何気なく話している言葉と密接な関係があります。

日本では古来より「言霊《ことだま》」といって、言葉にも魂が宿っていると考えられてきました。たとえば、「グズ！」「役立たず！」「嫌いだ！」といったネガティブな言葉を発していると、その言葉をいった人も、いわれた人も、周囲でそれを聞いている人も、全員がネガティブな気持ちになります。

ネガティブな言葉は、発した瞬間、その場の空気を汚し、すべての人の笑顔を奪ってしまう、恐ろしい負の力を持っているのです。

もっと恐ろしいのは、その言葉を声に出したり、文字に書かなくても、頭の中で「あいつはバカだ」と誰かを否定したり、「自分なんてダメ人間だ」などと自己嫌悪の言葉をつぶやくだけでも、ネガティブな暗雲にどんよりと覆われてしまいます。

「好きこそものの上手なれ」といいますが、私たちの脳は、「嫌い」「苦手」といったネガティブなレッテルが貼られると、それに対して興味や意欲や向上心を失い、上達しません。もちろん、ネガティブな感情を抱くと、笑顔も出ません。

逆に「好き」「楽しい」といったポジティブな感情を持つと、自然とニコニコ笑顔になり、ムクムクとやる気がわいてきます。

試しに、鏡の前でネガティブな言葉と、ポジティブな言葉を発して、自分の表情がどう変わるか実験してみてください。

「嫌い」というと、不愉快な表情になって、顔がこわばりませんか？

「好き」というと、うれしい表情になって、自然と笑顔になりませんか？

自分も周囲も笑顔になるためには、ネガティブな言葉をできるだけ使わず、ポジティブな言葉を思い、話す癖をつけることが大切です。

こんな実験もしてみましょう。

二人組になって、まっすぐに立って、一人が右手を肩の高さまで挙げ、ネガティブな言葉を10個いった後、もう一人が上がっている右手をおろす力を加えると、右手のこぶしに力が入っていたとしても、簡単に下がりますよね？

次に、同じようにまっすぐ立って、右手を肩の高さまで挙げたら、今度はポジティブな言葉を10個いってください。

そして同じように右手のこぶしに力を入れて、他の一人が下ろす力を加えてみて下さい。

さっきと比べて、右手を下げるときにぐっと抵抗を感じませんか？

人は心理的にネガティブな言葉には力が入らず、ポジティブな言葉には力が入るのです。

これは、欧米で開発された「キネシオロジー」という、カイロプラクティクスなどを応用した方法論に基づいています。

笑顔を引き出す9つのポジティブキーワード

当院では、「ついてる」「うれしい」「楽しい」「ありがとう」「大好き」「幸せ」「愛してる」「すみません」「ごめんなさい」という9つのシンプルなポジティブ語をスタッフ同士で使うように心がけています。

ちょっとしたことでも「ついてる！」「うれしい！」「楽しい！」「幸せ！」というと、ワクワクしてきませんか？

人に何かしてもらったら、「ありがとう！」と感謝し、好意を感じたら「大好き！」「愛してる！」ということで、いった人も、いわれた人もハッピーな気持ちになれますよね。

ポジティブな言葉は、ポジティブな気持ち、ポジティブな関係性の連鎖を生むのです。

「すみません」と「ごめんなさい」は、一見ネガティブな言葉に思われるかもしれませんが、何か間違ったことをしたとき、「すみません」「ごめんなさい」と素直に謝罪の言葉をいうのは、とてもポジティブなことです。

この9つの言葉は、当院の10の「クレド」の1つにもなっています。次の第4章で当院の「クレド」について解説しますので、ご参照ください（127ページ）。

当院では、ネガティブ語もできるだけポジティブ語に変換して発言するように努めています。たとえば、患者さんに対しても、責めるようないい方は決してしません。

×「こんなむし歯になるまでほったらかしにしておくなんてダメですよ」

○「噛めなくてお困りですよね。治療を一緒にがんばりましょう」

×「そんな磨き方じゃ磨いていないのと同じですよ」

○「もうちょっと奥のほうまで歯ブラシをしっかり入れて磨くように工夫してみましょう。口の中がすっきりしますよ」

頭ごなしに否定するのではなく、相手の立場に立って共感し、ポジティブな方向に導く気遣いが大切です。

ネガティブないい方をポジティブないい方に変えるだけで、患者さんもスタッフもいい笑顔を見せてくれるようになり、ポジティブ語の数だけ、院内に笑顔が増えます。

青山俊董先生は、著書『泥があるから、花は咲く』の中で、マザー・テレサの話に触れておられます。

マザーはインドの路上生活者ひとりひとりに炊き出しのパンとスープを手渡す際、シスターたちに次の3つのことを確かめたといいます。

「あなたたちは、受け取るひとりひとりにほほえみかけたでしょうね。ちょっと手を触れて、ぬくもりを伝えましたか。短い言葉がけを忘れなかったでしょうね」

青山先生いわく、慈しみの眼と顔でほほえみかけることを、仏教では「慈眼施《じげんせ》」「和顔施《わげんせ》」といい、愛の言葉がけを「愛語施《あいごせ》」と呼ぶそうです。「それらはすべて深い愛の心、慈悲の表れで、それが人々の心を安らかにし、あるいは萎えた心を立ちあがらせ、あるいは180度方向転換させる力を持っている」「心して愛語の、愛心の配達者になれたら」とおっしゃっています。

ネガティブな言葉で人をむりやり動かそうとするのではなく、ぬくもりある笑顔と、ポジティブな愛語を発することの大切さを思い知らされます。

「和顔愛語」と青山先生もよく揮毫《きごう》（毛筆で書く）されます。

スタッフルームに「ありがとう」を奨励する紙が貼ってあります。

患者さんにほめられるとやる気が倍増

本章で、治療後に患者さんにお願いしているアンケート内容の一部をご紹介しましたが、その項目の中には、「印象に残ったスタッフを教えてください」という設問もあります。患者さんは、スタッフの名前を挙げて、具体的に印象に残ったことを書いてくださいます。実際のアンケートからご紹介します。


「一番最初にお世話になったスタッフAさんの『一緒に頑張りましょう』という言葉に励まされました。

また、スタッフBさんには、治療の後に必ず『大丈夫ですか？　何かあったらいつでも連絡してください』と声をかけていただきました。

当たり前のことなんだろうけど、私のことを気にかけていただいているんだなぁと思うと、心が和みました」

「あなたに出会って本当によかった！」

「あなたの笑顔にいつも痛みが和らぎました」

「あなたの元気な声、キビキビした動きにエネルギーをもらいました」
「今まではいつも治療の途中で挫折していたけど、あなたの励ましの言葉があったおかげで、最後までがんばれました」

当院では今まで多くの歯科医、歯科衛生士、歯科技工士、歯科マネージャーが勤務してくれましたが、人が最も変わるのは、このように「患者さんに感謝され、喜びの声を聞いたとき」です。

スタッフは、患者さんのために一生懸命がんばっているので、こんな風に感謝されることは何よりも大きな喜びであり、「自信」になります。

『一生折れない自信のつくり方』(アチーブメント出版)の著者である青木仁志さんは、「小さな成功体験をコツコツ積み上げて、一生折れない『大きな自信』に育て上げていくのです」「自信のないところに成長はありません。成長体験、突破体験こそが成功の源泉」と語っています。

患者さんの感謝の言葉は、スタッフにとってかけがえのない「成功体験」の1つとなります。それによって、やる気がぐんとアップし、仕事が好きになります。

仕事に前向きになると、自ずと「患者さんのために力を尽くしていこう」という考え方に変わり、スタッフの大きな自己成長につながるのです。

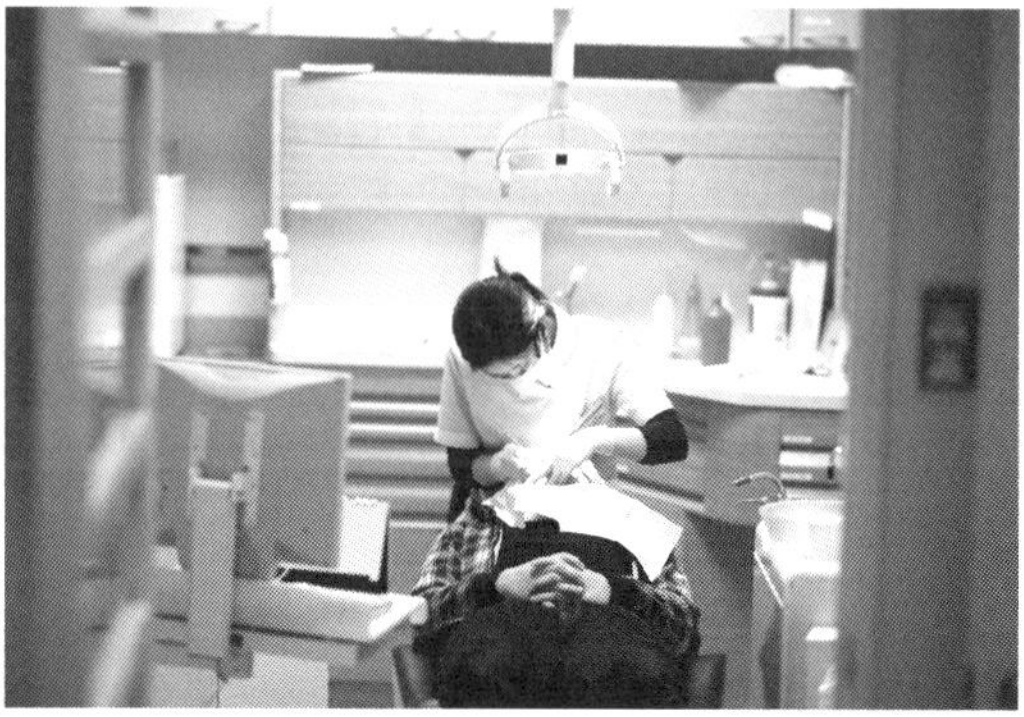

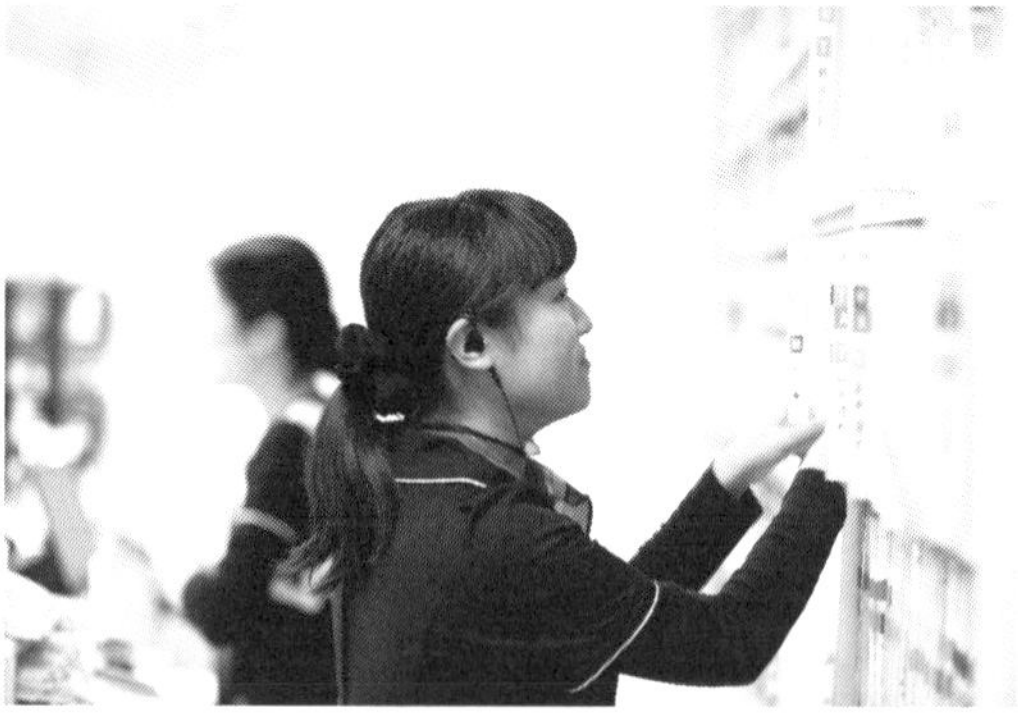

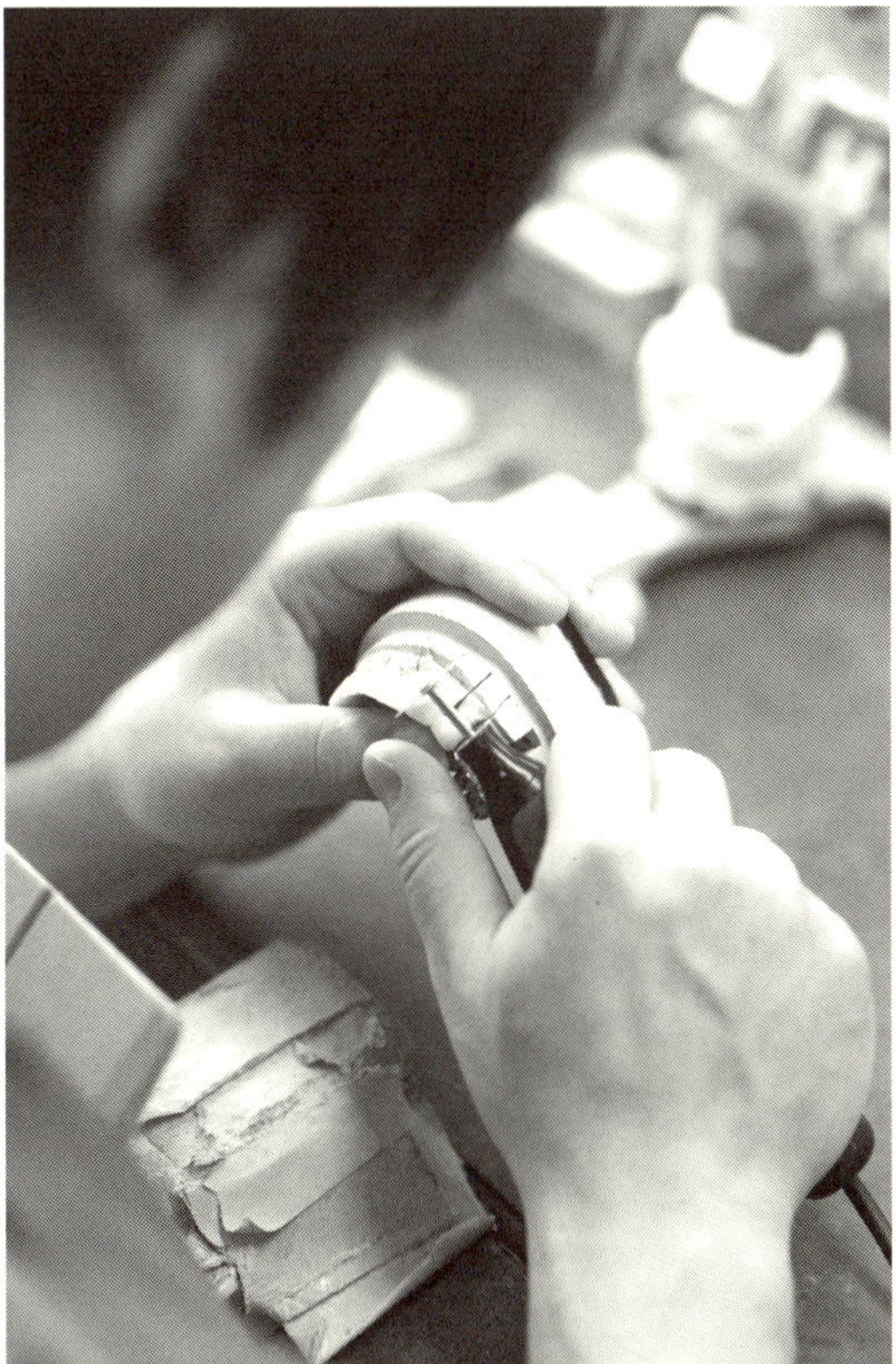

凡事徹底、当たり前を怠らない行動力基本動作10か条

人は仕事に慣れないうちは、必死に覚えようと真面目に取り組みますが、ちょっと慣れてくると、「このぐらいで十分だろう」と、無意識のうちに手抜きをしてしまうことがあります。

しかし、医療の現場では、ちょっとした手抜きが、取り返しのつかない大きなミスやトラブルにつながることがあります。

当たり前のことを、当たり前にきちんと行うことを「凡事徹底」といいますが、医療の現場に関わるスタッフは、この「凡事徹底」が大切です。

当院では、当たり前のことを怠らないための「行動力基本動作10か条」という規範を採用しています。

これは、かつて富士山のふもとで行われていた管理者養成学校で学んだもので、そこでは「地獄の特訓」と呼ばれていました。

●行動力基本動作10か条

第1条　ぐずぐず始めるな。時間厳守、行動5分前には所定の場所で、仕事の準備と心の準備を整えて待機せよ。

第2条　行動に当たっては、短期間に最高の成果を挙げることを心に誓え。そして達成意欲がメラメラ燃え上がるまでは決して行動に移ってはならない。「ヤッテヤルゾー」と一声叫べ。

第3条　指示を受けたら、大きな声で「ハイ！」と返事をし、直ちに取りかかること。いったん行動した後は、猟犬のごとく忠実に、狐のように賢く、そしてライオンのごとく勇敢に。

第4条　初めに結果の報告書を作成し、仕事進行と共に空欄を埋めていけ。これを企画という。

第5条　行うべき作業を列記し、項目に優先順位を記せ。

第6条　行動は、敏速を旨とする。そのためには、行動はキビキビと、言語は簡潔明瞭にテキパキと進めよ。

第7条　質問されたら、全員即座に手を挙げ、指名された者は、簡潔明瞭に答えること。判らない場合は、判らない旨をハッキリ答えよ。

第8条　いかなる困難に直面しても、目的を放棄せず、ときが深更に及ぼうとも最後までやり遂げる不退転の強い意志を持て。

第9条　行動の価値の決定は、所要時間と結果の良し悪しである。最も短い時間で最良結果が得られるよう、常に手順方法を工夫改善し、昨日より今日、今日より明日と、時間の短縮と結果の向上をはかれ。

第10条　行動は、命令者への結果報告によって完了する。やりっぱなしは何もしないよりまだ悪い。報告及び事後処理を完璧にやれ。

命令調の言葉なので、ビシッときつい印象を受けるかもしれませんが、これはスタッフが行動する際に、「自分はこれができているか?」と自問自答する基準です。

この10か条が身に付いていると、医療現場はもちろん、組織の中で行動するときに、迷うことなく常にスピーディかつ的確な行動ができます。

私も、毎朝のウォーキングに必ず遊歩道のある林の中で大きな声で唱和して、自分を鼓舞しています。一日のスタートに気合の入る言葉です。

新人はベテランではなく2年目スタッフが教えるワケ

経験豊富なベテランと、まだ経験の浅い2年目のスタッフ。新人を教育するのは、どちらが向いていると思いますか？　ベテランのほうが経験も技術力も格段に高いので、新人教育に向いていると思われるかもしれませんね。

しかし、2年目のスタッフであれば、ベテランスタッフには望めない次のようなメリットがあるのです。新人とさほど技術力や経験値に差がない2年目のスタッフなら、後輩に教えることでもう一度学び直すいい機会になり、双方のレベルアップが図れます。

できるだけ経験値の差が少ないスタッフ同士を組ませることで、後輩は「先輩に追いつけ追い越せ」とがんばり、先輩も「後輩に抜かれてなるものか」と、互いに切磋琢磨することになるのです。

加えて、2年目のスタッフなら新人の悩みにも共感しやすいでしょうし、ベテランにはおいそれと聞きにくいことも、2年目の先輩には年齢の近い兄弟姉妹に話すように、気軽に質問しやすいというメリットもあります。

ベテランの指導も効果は上がりますが、ベテランの力を10とすると、新人の力は1か2です。ベテランは、新人の1か2の力に合わせて行動しなければなりませんので、最大限の力を発揮することができなくなってしまいます。

事務長がスタッフマネジメントをサポート

スタッフが30人近くになった6年ほど前に、経営管理の強化を図るべく、事務長を新たに採用しました。スタッフが20人ほどであれば、院長1人でも管理できます。しかし、院長も治療を毎日行っていると、20人を超えるスタッフの管理業務に時間を割くのが難しくなります。

事務長には、スタッフのシフト管理をはじめ、スタッフ採用や教育、評価、受付の補助など幅広い業務を担当してもらっています。

院長とは異なる目線でスタッフや院内の問題点を指摘してくれたり、各種業務の相談に乗ってくれたりと、とても助かっています。

将来的には、事務長に医院経営のコンサルティング業務も身に付けてもらいたいと考えています。

定期面談でスタッフの人事評価

年に2回、6月と12月にスタッフの個別面談を行って、昇給やボーナスに反映させています。面談の際には、幹部から中堅、一般スタッフまで勤務年数に応じて、あいさつやホウレンソウの徹底、前向きに勉強する姿勢など、チェック項目が細分化されている「船井総研」の評価システムを導入しています。

評価基準は、ひと通りのことはできるが行動にムラがあるというスタートライン、ムラなくいつでも同じ行動がとれるというアマチュアレベル、スタッフを指導しながら前進できるというプロフェッショナルレベルまで、各レベルに分かれており、自己評価と他者評価を擦り合わせ、ギャップのある箇所をチェックしていきます。

面談では、この人事評価のほか、スタッフひとりひとりの希望や不満なども院長の私と事務長チーフが聞いて、院内のさまざまな改善に役立てています。

入社年　　　年(入社　　年目)　被考課者名：

等級	No	プロセス評価項目	評価基準 非評価レベル	スタートライン (一通りの理解はできているが、行動にムラがある)	アマチュアレベル (ムラなく、いつでもどんなときでも同じ行動がとれる)	プロフェショナルレベル (他スタッフを巻き込み(指導)しながら前進できる)	評価
			0点	5点	7点	10点	
幹部スタッフへの評価項目（マネジメントプロセス）	1	鴨居歯科医院の理念教育ができる		医院の基本理念・診療方針を一通り教え、覚え、理解させる事ができる。	常に基本理念・診療方針に沿った行動をとらせる事ができる。	常に基本理念・診療方針に沿った行動をとらせる事ができ、スタッフ全員が同じ指導ができるよう育てる事ができる。	
	2	後輩の育成管理		スケジュールに沿って指導ができる。	スケジュールに沿って指導ができ、できない事がなくなるまで練習させる事ができる。	スケジュールに沿って指導ができ、またできない事に問題意識を持たせ、スタッフが自主的に練習を行うようにする事ができる。	
	3	イベントの企画・立案		通院されている患者さんが喜ぶイベントを定期的に提案し、それを実行する事ができる。	患者さんが喜ぶイベントを定期的に提案でき、コストも考慮したうえで実行する事ができる。	患者さんが喜ぶイベントを定期的に提案でき、コストも考慮しスタッフ全員で実行し、その後の収益につなげる事ができる。	
	4	自費率アップのための取り組み		自費率向上の必要性を理解し、ツールやオペレーションフローの作製ができる。	ツールやオペレーションフローの作製ができ、常に自費率を意識した診療ができる。 また常にいろいろな場面で患者さんに対する自費の提案が自ら行える。	スタッフ全員に自費率向上の必要性を理解させ、スタッフ全員が同じレベルで提案ができるように指導する事ができる。	
	5	増患のための取り組み		増患の必要性を理解し、増患のためのツール作りや患者への説明・配布などを積極的に行っている。	増患活動を積極的に行い、増患につなげている。	スタッフに増患の必要性を理解させ、そのための計画立案や行動を自ら起こせるようにし、増患させる事ができる。	
	6	経費を削減するための取り組み		コスト意識を常に持ち、材料や薬液、機材等を有効活用し、材料(発注)管理をする事ができる。	コスト削減を提案し、自ら経費削減、エコ、省エネマニュアルを作成する事ができる。	コスト削減を自分だけではなく、同僚にも意識を持たせる努力をしており、医院全体としてコスト意識を持つ職場をつくる事ができる。	
						合計評価点⇒	M

入社年　　　　年（入社　　年目）　被考課者名：

等級	No	プロセス評価項目	評価基準				評価
			非評価レベル	スタートライン（一通りの理解はできているが、行動にムラがある）	アマチュアレベル（ムラなく、いつでもどんなときでも同じ行動がとれる）	プロフェショナルレベル（他スタッフを巻き込み（指導し）ながら前進できる）	
			0点	5点	7点	10点	
中堅スタッフへの評価項目（テクニカルプロセス）	1	鴨居歯科医院を好き（理解している）である事		基本理念・診療方針、行動指針（スタッフとの約束事）を覚え、理解している。	基本理念・診療方針、行動指針（スタッフとの約束事）を自ら進んで行動する事ができる。	基本理念・診療方針、行動指針（スタッフとの約束事）を理解、行動できていないスタッフに対し、指導し、改善させる事ができる。	
	2	常に技術の研鑽をする事		自分に足りない点を自ら抽出し、スキルアップのための自己計画を立て、自主的に継続した練習を行い、そのスキルアップを常に報告している。	臨床雑誌やスキルアップのための書籍を読んだり、外部講習会やセミナーを探し、積極的に参加しようと心がけている。	自分自身で勉強した事や外部での講習会で習得した内容をまとめ、教科書を作り上げる事ができる。	
	3	患者さんの喜ぶ事を自ら実行・立案する事		個人の患者さんが喜ぶためのイベントや企画を立案する。 例）サプライズ企画など	立案した企画を定期的に実行し、確実に患者さんの満足度につなげている。	常に患者さんの事を考え、自分1人ではなく後輩・同僚を巻き込みながら、イベント企画案を立てさせる事ができる。	
	4	同僚・関連業者に対して感謝の気持ちを常に持つ事 （「ありがとう」を1日10回以上発する場面を探す事） （周りの人に「ありがとう」といってもらえる行動をとる事）		ほんの些細な事でも、協力をしてもらう出来事があったら、「ありがとう」と感謝の言葉を発する事ができる。	指摘、指導、アドバイスを受けたときには、「すみません」というマイナス言葉ではなく、「ありがとうございます」と感謝の言葉を告げ、即座に改善できている。	「ありがとう」、「うれしい」などのプラス言葉が飛び交うような雰囲気作りや企画を率先して働きかけ、結果として院内環境の変化が生まれている。	
	5	常に相手（スタッフ、患者さん）の立場に立って行動をする事		自己中心的な行動は控え、周りの人の立場に立って、物事を考えたり、行動ができている。	常に相手の立場を考え、相手が喜んだり、感謝されるであろう行動を、見返りを期待する事なしにできる。	自分だけではなく、全スタッフが相手の立場を考えながら発言、行動できるように個々に指導している。	
	6	常に先を考えた行動をする事		先生や先輩に指示されるのを待つのではなく、自分の判断で率先した行動ができる。	仕事の優先順位付けが適切であり、自分自身の行動計画も立てる事ができる。	後輩・同僚に対して、仕事を効率的に行うコツや正しい優先順位の付け方を教育する事ができる。	
						合計評価点⇒	T

等級	No	プロセス評価項目	評価基準				評価
			非評価レベル	スタートライン （一通りの理解はできているが、行動にムラがある）	アマチュアレベル （ムラなく、いつでもどんなときでも同じ行動がとれる）	プロフェショナルレベル （他スタッフを巻き込み（指導し）ながら前進できる）	
			0点	5点	7点	10点	
一般スタッフへの評価項目（ベーシックプロセス）	1	誠実で素直である事 指示・指導は謙虚な態度で受ける事		先輩・後輩関係なく、人の話やアドバイスや指摘事項に対して素直に受け入れる事ができる。	素直に受け入れた上で、即時的に実行・改善につなげる事ができる。	自分だけではなく、先輩・後輩ともに素直さに欠ける言動をとっている人に対して、アドバイス・指導をする事ができる。	
	2	挨拶は目を見て明るい表情で行う事		挨拶をするときは、相手の目をみて、明るい表情で行う事ができる。	出勤時から退勤時まで、就業時間内は常に明るく、周りの人を元気にさせられるだけの気持ちのよい挨拶を自分から率先してできる。	挨拶が徹底できていないスタッフが周りにいる場合、自分と同じ挨拶ができるように、指導する事ができる。	
	3	常に勉強をする事		自分に足りない課題点を自ら整理し、同僚、院長先生に自主的に教えてもらっている。	時間を惜しまずに、常に自己成長を目指し、勉強しており、努力が目に見える。 （休憩時間、自宅学習含め）	自分が得たスキルや知識を、後輩や同僚スタッフに積極的に教える事ができ、後輩が自主的に勉強できるだけの環境を整えてあげる事ができる。	
	4	約束を守る・時間を無駄にしない		決められた時間（出勤、ミーティング時間、与えられた課題に対する納期）を守る事ができる。	時間・約束を守る事は当然として、納期までに質の高いものを提出できるように、前倒しで課題をこなすなど、余裕を持って行動できる。	後輩・同僚の時間管理ができ、行動改善にもつなげている。	
	5	ホウ・レン・ソウを徹底する事		報告・連絡・相談を徹底して実行しており、情報共有漏れがない。 また、途中段階での報告もでき、上長を安心させる事ができる。	重要性、緊急性の度合いを理解した上で、自ら適正な優先順位付けができ、報告・連絡・相談ができる。	後輩・同僚に対して、質の高い行動を全員ができるようなホウ・レン・ソウ指導ができる。	
	6	失敗を恐れない事 嫌な事から逃げない事		失敗を恐れずに、自ら行動する事ができる。	失敗やミスを即時に省みて、それを繰り返さないための工夫をしている。	失敗を恐れていたり、嫌な事から逃げている後輩や同僚に対して、前向きに行動できるようにアドバイスをし、後輩・同僚が同じ失敗を繰り返さないようにするためのシステム作りを行っている。	
						合計評価点⇒	M

「砂漠の水」になる——価値アップの決め手

蛇口をひねれば水道水が出て、コンビニに行けばミネラルウォーターが簡単に入手できるようなところでは、水はそれほど価値が高くはありません。

しかし、水道も、コンビニも、自動販売機も何もない砂漠の真ん中では、水はとても価値の高いものになります。

歯科医院があふれている今、医院自体が価値をアップしないと、生き残れません。医院の価値をアップするためには、まずスタッフひとりひとりが自身の価値をアップする必要があります。

ただ、院長が1人で先走ってスタッフを引っぱっても、スタッフはついてきません。まずスタッフ自身が、自己成長を本気で考え、切磋琢磨することが大前提です。

これからの時代は、衛生士もドクターもどんどんフリーランス化すると思います。実際に、インプラントだけ、あるいは入れ歯だけに特化してフリーランスで活動している人もいます。1つの分野に集中すれば、得意分野のスペシャリストとして活躍できますし、高い技術力を生かして、複数の契約をすることで収入もアップできます。

当医院に永年勤務していた歯科衛生士が、10年前からフリーランスになって活躍しています。いろんな歯科医院に行き、技術指導、経営指導などもして大変喜ばれています。海外研修にも毎年出かけ、新しい知識、技術の習得もしています。

スタッフには、将来的にはそうしたことも視野に入れながら、自分の得意分野を磨いてほしいと思っています。

スタッフ個々人が高い技術力を提供すれば、患者さんの満足度がアップし、医院の価値もアップします。

巣立っていく卒業生たちの未来のために

当院のスタッフは平均年齢30歳ほどですが、定着率が非常に高く、15年以上勤めているスタッフもいます。

ただ、女性スタッフは結婚や妊娠を機に退職することも多いので、今後は産休や育休をとったスタッフが職場復帰しやすい環境を整備していこうと考えています。

45年の間には、当院で学び、当院から巣立って立派に独立開業しているドクターもたくさんいます。

開業10周年ごとに記念式典祝賀会を催しており、２０１２年の開業40周年の際には、巣立っていった「卒業生」のドクターや歯科衛生士などのみなさんに、40周年に寄せた文章を書いてもらい、１冊の記念誌にまとめました。

当院とご縁のあったスタッフはみんな家族同様なので、記念誌はいうなれば家族アルバムのようなものです。

今では信じられませんが、スタッフが今の10分の1の３人しかいなかったこと、開院当初は1日に5人ほどの患者さんしか来院しなかったことなど、スタッフ各々の懐かしい話が満載です。

中には、「寝坊大好き、お酒大好き、勉強大嫌い」という若いドクターや、破天荒な経歴のドクターもいました。

しかし、「人はいくつになっても成長する」という私の言葉を信じて精進し、歯科医院がひしめく激戦区のエリアでトップの実績を上げている卒業生もたくさんいます。

私は学ぼうという向上心のある人には、自分の持てるすべてを包み隠さずに伝えたいと思っています。本書もそのためのツールです。

有効なノウハウやテクニックはどんどん吸収し、当院よりも素晴らしい医院を作って、全国の歯科医療サービスの向上に貢献されることを願っています。

私の敬愛する住職の青山俊董先生に、当院の開業40周年式典の際に記念講演会の講師を務めていただきました。

演題は「あなたなら、やれる」。

まさに、すべてのスタッフに伝えたい魔法の言葉です。講演では、青山先生から素晴らしい魔法の言葉をたくさんいただきました。

「苦があるから、気づかせてもらえる」

「痛い思いをしてこそ、知恵が身に付く」

「私が変われば、相手が変わり、私が変われば、世界が変わる」

スタッフひとりひとりがこうした思いを持っていれば、どんなことがあっても、笑顔で乗り切れるのではないかと思います。

第4章

仕事《ワーク》がワクワクになる7つのシステム

System 1 「ナンバーワン宣言」でモチベーションアップ！

「達成力　日本一！」
「誠実さ　日本一！」
「まっすぐさ　日本一！」
「癒す笑顔　日本一！」

これは、当院の医師や歯科衛生士、デンタルケアマネージャーなどのスタッフがそれぞれ目指す「日本一」です。

ちなみに、私は「信頼度　日本一！」、妻は「元気ハツラツ　日本一！」です。スタッフ全員がそれぞれ「日本一！」と公に宣言することによって、本当に「日本一になる！」という自己暗示になります。

心の中だけで「こうなりたいな」と思っているより、文字に書いて周囲にドーンと「日本一！」と公開することで、より強く自分の思いを自覚することができ、そこに向かって能動的になれます。

先述しました『一生折れない自信のつくり方』の著者でもある青木仁志さんは、これを「鳥かご理論」と呼んでいます。

鳥かごだけ買ってきて、空っぽの鳥かごを見ながら、毎日「私は鳥を飼うぞ！」といい続けます。すると、脳が「自分はどうすれば鳥を実際に飼うことができるだろう」と考えるようになり、無意識のうちにその方法を見出すようになるのです。

この「日本一！」をスタッフそれぞれのキャッチコピーにして、ホームページ上で公開しています。また、当院の待合室の壁に写真とコメント付きで貼り出しています。

私もスタッフも、自分が宣言している「日本一！」に恥じないようにしよう、という意識が自ずと高まります。

患者さんたちもよくそれをニコニコしながら眺めておられます。

「へえ、あの先生はこんな目標を持ってがんばっているんだなあ」

「いつも担当してくれる歯科衛生士さんは、こんな素敵なことを考えているんだなあ」

自分の担当のドクターや歯科衛生士のコメントを見ることで、親近感が増し、互いの絆も強くなります。

患者さんとの絆が強くなれば、スタッフも患者さんに対して家族に対するような思いやりを持つことができます。

たとえどんなに仕事が大変でも、家族のように大切な人のためなら、「仕事だからしかたがない」ではなく、「この人のために誠心誠意がんばろう！」という気持ちになって、やる気がアップします。

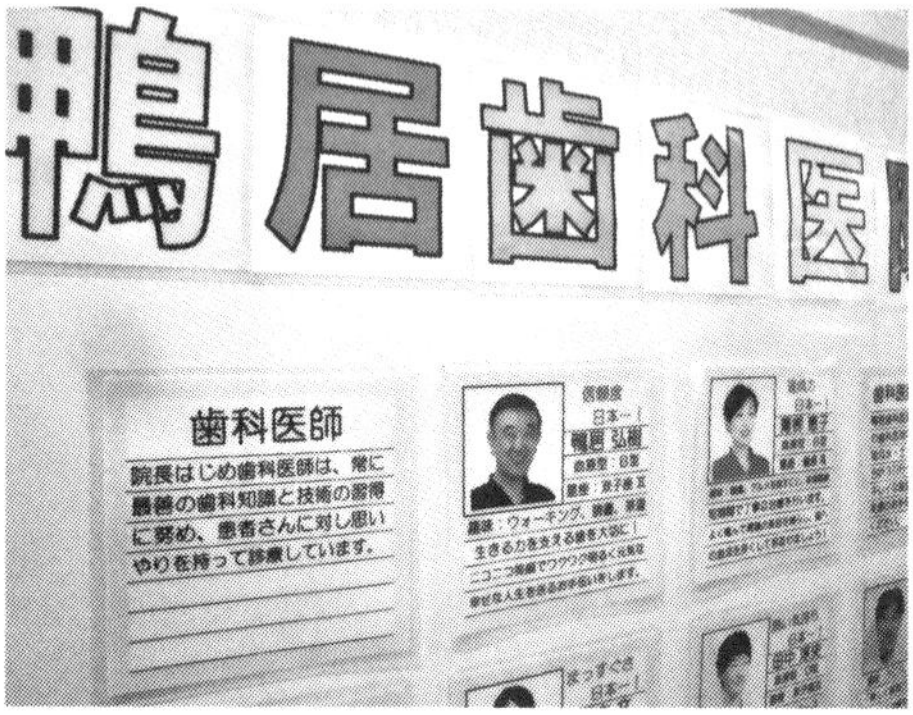

System 2

自分をほめ、自分を顧みる「クレド」の力

当院では、スタッフが自分自身を顧みる指針として「クレド」を設定しています。「クレド＝Ｃｒｅｄｏ」とは、「信条、志、約束」を意味するラテン語で、企業などが活動のよりどころとなる価値観や行動規範を表現した言葉です。

リッツカールトンの日本支店の支社長だった高野登さんが書いたベストセラー『サービスを超える瞬間』（かんき出版）の中に「クレド」という言葉が登場し、日本企業の間でこの言葉が一躍広まりました。

当院の10のクレドを紹介します。

●1 「医は仁なり」

仁とは「愛、慈悲」と同じ、人に対する「思いやりの心」です。

第1章でも述べましたが、医療の根本には、人への思いやりがあることが大前提です。

●2　ニコニコ和顔愛語

いつもニコニコ感謝の笑顔と「ありがとう」の言葉は、自分も他人も幸せにします。

●3つの考え方

1　長期的　2　多面的　3　根本的

ものごとを考えるとき、その場限りの思いつきではなく、長いスパンで、さまざまな角度から、深く掘り下げて考える習慣をつけることが大切です。

●4つの反省

1　「真実」であったか？

2　みんなに「公平」であったか？

3　「好意と友情」を深めたか？

4　「みんなのため」になったかどうか？

これはロータリークラブのロータリアンの心構え「4つのテスト」を取り入れました。

常に自分の言動を客観的に振り返り、この4つの観点から顧みる姿勢が大切です。自分では正しいことをしたつもりでも、心のどこかに偽善的な考えがあったり、公平性を欠き、相手に不満を抱かせるような独りよがりではないかということを常に顧みることで、自分自身が人として大きく成長できます。

●5つの力

1　聴く力　2　読む力　3　話す力　4　書く力　5　時間力

小学生の通信簿のようですが、この5つの力のどれか1つでも欠けては、コミュニケーションがスムーズにいきません。

人の話をよく聴き、書かれた言葉を正しく読解し、人に話し言葉や書き言葉で正しく伝えることは、コミュニケーションの大前提です。

さらに、これらをむやみに時間をかけすぎずに行う「時間力」も必要です。

●6つの診療方針

診療の際には、常に6つの方針を念頭に置く必要があります。これを「6C診療」と呼んでいます。「6C」とは、次の通りです。

1　Cure（治療）
2　Care（予防）
3　Communication（コミュニケーション）
4　Consideration（思いやり）
5　Confidence（信頼）
6　Courtesy（礼儀）

診療において、治療と予防を徹底し、患者さんやスタッフ同士のコミュニケーションをしっかり図り、常に思いやりの心を持ち、患者さんに信頼されるような言動に努め、礼儀を忘れないこと――それを満たすのが「6C診療」です。

●7つの行動

1　あいさつが示す人柄　躊躇せず、先手で明るくハッキリと
2　返事は好意のバロメーター　打てば響く「ハイ」の一言

3　気づいたことは即行即止　間髪いれずに実行を

4　先手は勝つ手5分前　心を整え、完全燃焼

5　背筋を伸ばして顎を引く　姿勢は気力の第一歩

6　友情はルールを守る心から連帯感を育てよう

7　物の整理は心の整理　感謝を込めて後始末

これは倫理法人会の「セブン・アクト」をベースにしています。

この7つの行動がきちんとできていると、人に信頼され、愛されますし、仕事上でのミスもなくなりますし、組織全体も活性化します。

●8つの改善

1　整理

2　整頓

3　清掃

4　しつけ

5　サービス
6　スマイル
7　スピード
8　シンプル

スタッフは常に、この「8つの改善点」に留意する必要があります。8つの改善点の頭文字「S」を取って、当院では「8S－UP運動」と呼んでいます。

医院の外も内もスッキリときれいに整理・整頓され、隅々まで清掃が行き届いていることは、医療機関だけではなく、すべてのサービス業の大前提です。

その際、スタッフの頭の中も整理・整頓されている必要があります。

さらに、スタッフのしつけも行き届いており、サービス精神とスマイルを忘れないことも大切です。

また、何ごともスピーディかつシンプルでわかりやすい対応が望まれます。

●９つの幸福を呼ぶ言葉

１　ついてる
２　うれしい
３　楽しい
４　ありがとう
５　大好き
６　幸せ
７　愛してる
８　すみません
９　ごめんなさい

これは第３章でお話した「笑顔を引き出す９つのポジティブキーワード」（１０２ページ）です。自分はこれらの言葉を心からいっているかどうか？――折に触れて振り返ってみることが大切です。

●行動力基本動作10か条

クレドの10個目の「行動力基本動作10か条」も、第3章の「凡事徹底、当たり前を怠らない行動力基本動作10か条」（110ページ）でご説明した通りです。

日々の忙しい業務の中で、これらすべてのことをパーフェクトに実践するのは難しいかもしれません。しかし、どんなに忙しくても、どんなに大変でも、「クレド」を忘れていないかということを常に顧みて、ちゃんとできていれば自分をほめ、できていなければ即座に改善しようという姿勢が大切です。

クレドを作っても、それをスタッフ全員が実践しなければ、絵に描いた餅になってしまいます。常にクレドに立ち帰り、クレドを実践することで、ひとりひとりの成長が促され、ワークがワクワクに変わります。

System 3
朝10分の活力朝礼でポジティブ発動！

始業時間は9時ですが、その前の8時40分～50分のわずか10分の間に、毎朝朝礼を行っています。

まず、スタッフ全員で当院の3つの「基本理念」を唱和します。

次に、倫理研究所が発刊している冊子『職場の教養』を、スタッフ全員で声を出して輪読し、リーダーが読んだ内容について感想を述べ、それを受けて院長が一言、訓話をします。

リーダーは毎日交代しますが、リーダーに当てられたスタッフは全員「ハイ！」と返事をします。この返事のしかたで、そのスタッフのその日の調子がある程度わかります。

ここまでで朝礼10分間のうち、半分近くを使います。

さらに、スタッフ同士が1対1になって互いに向き合って、相手の目を見つめながら、笑顔で最近よかったと思ったこと、うれしかったことを3分間ずつ話します。

人の目を見て話すのはちょっと緊張する……という人も多いのではないでしょうか？

しかし、患者さんと向き合うときは、相手の目をちゃんと見て話さないと、不安感を抱かれて信用されません。

じつは、私自身が若い頃は人の目を見て話すことが苦手でした。

今の若い人も、人の目を見て話せない人が多いように感じたので、毎朝3分間、人の目を見る訓練を取り入れたのです。

毎朝繰り返し、人の目を見ることが習慣化すると、苦手意識が自然となくなり、人見知りだったスタッフも、リラックスした笑顔を見せながら話せるようになります。

短い時間でも毎日場数をこなしていると、苦手なこともいつの間にか得意になってしまうのです。

ぼーっとしていれば、朝の3分なんてあっという間に過ぎ去ってしまいますが、話をするとなると、その3分間はとても中身の濃い時間になります。

一言二言では、1分ももちません。それなりに話の展開やオチも必要です。

毎日、朝の3分のためにポジティブな話のネタを考え、それを3分でまとめて人に話す訓練をしていると、話を簡潔にまとめる力が自然に身に付き、ショートスピーチがとても上手になります。

実際、結婚式などで当院のスタッフがスピーチをしているのを聞くと、にこやかな笑顔を絶やさず、人を引きつけながら話していて、「うまいなあ」と感心させられます。

System 4

ロールプレイでコミュ力アップ——週末は朝から勉強会

当院では、休診日の日曜以外は毎日さまざまなミーティングを行っています。

月曜日は、ドクター、歯科衛生士、歯科技工士、デンタルマネージャーの各チーフと事務長、副院長、院長が、各部門の報告を行う「チーフミーティング」です。

火曜日は、ドクター、歯科衛生士、デンタルマネージャーが集い、医学論文を読んだり、保険に関する勉強会を行う「H&Mミーティング（H＝ハイジニスト＝歯科衛生士、M＝マネージャー＝歯科助手）」です。

水曜日か木曜日のいずれかは、ドクターだけの勉強会「歯科医師ミーティング」です。

当院は週休2日制ですが、休診日の日曜日のほか、水曜日か木曜日を選んで、半々のスタッフが休日を取るシステムになっています。そのため、水曜日と木曜日は、歯科医が半々に学ぶ時間になっています。なお、祭日のある週は歯科医院全員での学習になります。

金曜日は、全スタッフが集まる「S－UPミーティング」です。「S」とは、当院のクレドにある8つの改善点＝「整理・整頓・清掃・しつけ・サービス・スマイル・スピード・シンプル」の頭文字です。

土曜日は、ドクターと歯科技工士が共通認識を持って診療に当たるための「技工士ミーティング」です。

1週間のスケジュールの中で、特に重要なのが、金曜日の「S－UPミーティング」です。通常の診療開始時間は9時ですが、朝8時半から10時半まで2時間たっぷり時間を取って、広いミーティングルームに31人のスタッフが一堂に会します。

そして、8つの改善点をベースに、活気あふれる勉強会を行います。

まず院長の私が20～30分話をした後、職種をまたぐ6人1組の4グループの中から、各種の症例や、それぞれの職種の作業手順、スタッフの身だしなみについてなど、さまざまなテーマを決めて1グループずつロールプレイをしながら発表をしていきます。

職種が異なるスタッフが、それぞれの仕事内容について説明するのは、互いにリスペクトし合い、協力しながら診療を進めていくためにとても重要です。

たとえば、歯科衛生士が歯科技工士の細かな作業手順について理解をしていると、患者さんに何か質問されても、「それは私の専門外なのでわかりません」ではなく、ポイントをつかんで説明することができるようになります。

知識や情報を定期的に共有する場を設けることで、スタッフ同士のチームワークもぐっとよくなり、医院全体のサービス向上につながります。

System 5

日々改善、日々成長——日本初のＩＳＯ取得で院内システムを見える化

医療施設も国際的な第三者機関から厳しい審査を受ける必要があると考え、当院は１９９９年にＩＳＯ（国際標準化機構）「歯科医療サービス部門」を日本で最初に取得しました。

当時はまだＩＳＯは工業向けの内容でしたが、それを歯科医院の業務に応用し、１年に２回の内部監査と外部監査によって、院内システムをチェックしてきました。

１７７項目のチェックリストを作り、院長をはじめ、歯科医、歯科衛生士、歯科技工士、デンタルマネージャー、総務担当が「内部品質監査用チェックリスト」を基準に、それぞれ内部監査を行っています。

ＩＳＯ取得のマニュアル作りには約２年かかりましたが、そこでじっくり仕組み作りに取り組んだことで、院内システムの効率的なマニュアル化を図ることができました。

いい医療システムを作るためには、このようにまず形から入ることが大切です。

なぜなら、システムとは、形を作ることだからです。

内部監査チェックリスト　　2005年12月17日・制作　No.1

NO	チェック項目・内容	監査対象 院長	歯科医師	歯科衛生士	デンタルマネージャー	歯科技工士	各担当	監査結果	備考
1	マニュアルの制・改訂の識別として、「Rev No」又は改訂日付が記載されているか。	○	○	○	○	○			
2	文章を変更する場合、改訂履歴欄、文書中、添付文書等で変更内容・理由が明確にされているか。	○	○	○	○	○			
3	文書の最新版の状態を明確にするため、目次に記載しているか。	○	○	○	○	○			
4	各記録の作成担当が、作成・捺印し、権限者が記録を承認しているか。	○	○	○	○	○			
5	記録は、原紙を保管・維持・管理しているか。	○	○	○	○	○			
6	品質マニュアル又は診療マニュアル記載の記録は「記録管理一覧表」に記載されているか。	○	○	○	○	○			
7	パソコンによる記録の管理を行う場合には、各担当が管理しているか。	○	○	○	○	○			
8	法令・法規制要求事項を満たす事、患者の要求事項を満たす事の重要性を各担当に周知しているか。	○							
9	年始め（1月）の当院の経営計画策定時に、品質方針及び品質目標の設定を「経営計画書」で明確にしているか。これを院長が全スタッフに説明し、理解して徹底をはかっているか。	○							
10	院長は､品質方針を全スタッフに説明し、理解・徹底を図っているか。	○							

ＩＳＯ取得した当時は、歯科業界ではまだ外部審査の重要性は認識されていませんでしたが、医療ミスの指摘が厳しくなってきた近年、当院に続いてＩＳＯを取得する施設が増えています。

ＩＳＯ取得の有無は、患者さんが医療施設を選択する際の、１つの判断基準にもなっています。しっかりした品質管理は、患者さんに信頼される医院作りに欠かせません。

当院独自のマニュアル作りも進めており、今後の時代に即した映像を用いたマニュアルなども検討しています。

２０１７年のメインテーマである「常時カイゼン」の精神で、過去のマニュアルにとらわれず、より良いマニュアル作りを目指して常にシステムの再チェックを行っています。

System 6 サンキューカードは「ありがとう」のブーメラン

「受付が忙しいときに飛んできて助けてくれてありがとう」
「手が離せないときに電話をとってくれてありがとう」
「お客さんに丁寧に説明してくれてありがとう」

これは、当院の「サンキューカード」に書いてある文章です。

サンキューカードとは、スタッフ同士でサポートがあったとき、感謝の言葉を書く名刺サイズのプチカードです。

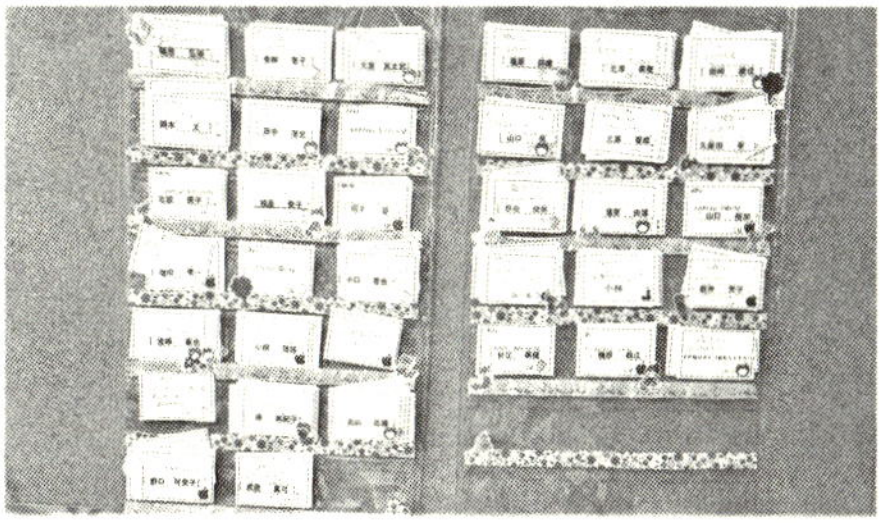

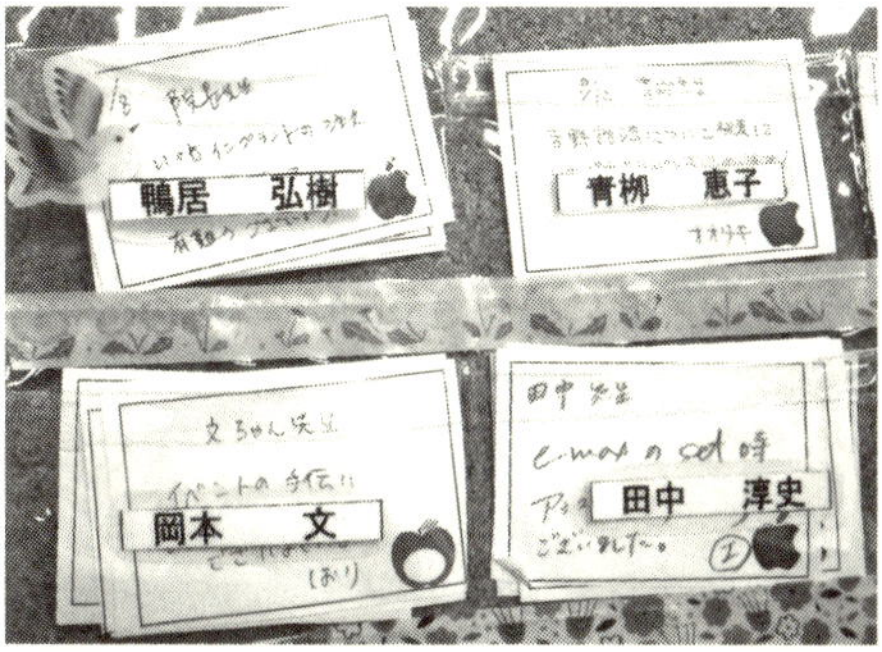

なぜそんなカードを使うようになったのか、それには次の４つの理由があります。

①「ありがとう」は文字にしたほうが伝わる

「ありがとう」と口で伝えるだけでは、相手の記憶にあまり残りません。

また、仕事で忙しくしていると、「ありがとう」とつい言いそびれてしまったり、「わざわざ面と向かっていうのも照れくさい」という気持ちになりがちです。

しかし、サンキューカードがあれば、時間のあるときに「そういえば、今日はAさんのおかげで助かったなあ」などと思い出すいい機会になります。

それを文字にして書き出すことで、相手への感謝の気持ちを反芻することができますし、相手にも感謝の気持ちがより深く伝わります。

②何をすると喜ばれるのかが相手に伝わる

言葉で具体的に感謝を伝えると、「そうか、こんなことをしたら喜ばれるんだな」と、相手にこちらのニーズやウォンツが的確に伝わります。

それによって、相手も「この人は今きっとこうしてほしいんだな」と、いわれなくても積極的にこちらのニーズやウォンツに応えてくれるようになります。

③相手に感謝することは、相手の自信になる

心理学者のマズローが唱えている人間の「欲求5段階説」の4段目は「承認欲求」です。

人は他者から自分の存在を認められることで、大きな喜びを感じる生きものです。

感謝の言葉を文字にして伝えることは、相手の存在や行為を尊重して認めていることになります。それによって、「自分のやったことはムダじゃなかったんだ」「自分の努力をちゃんと見ていてくれる人がいる！」と、自己承認欲求が満たされ、人に認められることの積み重ねが大きな自信となります。

④「ありがとう」は、相手を幸福にする

普段から何気なく行っている小さな親切、小さな気遣いが、サンキューカードに書き出すことによって目に見える形になり、それは相手の心を癒すギフトになります。

さらにそれが3枚、4枚と枚数が増えるに従って、充実感や幸福感が増します。

サンキューカードは義務ではありませんが、コップに水を入れ続けると自然とあふれるように、サンキューカードをもらい続けると、自然とサンキューカードをあげたいという

気持ちが芽生えてきます。

表彰制度も設けており、誰が何枚書いたか、誰が何枚もらったかを集計して壁に貼り出し、月ごとに1番たくさんサンキューカードを書いた人と、サンキューカードをもらった人に、図書券をプレゼントしています。

図書券を贈るのは、本を1冊でも多く読むことで、スタッフ自身の成長に役立ててほしいという願いからです。

もし職場のコミュニケーションがうまくいかずに悩んでいるなら、今日からサンキューカードを始めてみてはいかがでしょう。

「ありがとう」を形にするシステムがあると、常に第三者に対して気遣いや心配りをしようという能動性が生まれ、それが自ずと習慣化します。

ほんの小さな気遣いや心配りでもスルーせず、「ありがとう」と返す職場では、「ありがとう」がブーメランのように行き交うようになるでしょう。

「ありがとう」は、相手も自分も幸福にする言霊の宿った魔法の言葉なのです。

感謝が感謝を生む「ありがとう」のブーメラン効果で、きっと職場の雰囲気が見違えるほどよくなるでしょう。

System 7 がんばったスタッフにごほうび！——全員参加の海外研修

人生は、下りのエスカレーターを登っているようなものです。下っていくスピードより、早く駆け上らないと、上には行けません。歩みを止める現状維持は、ドンドン下に降りていきます。

今よりもっと上に行くためには、常に向上心を持って、学び続ける姿勢が大切です。歳を重ねるといろんな負荷が肩にかかってきます。家族を養う、スタッフを育成する、所属する会の役員という重責、地域の皆さんとの付き合いなど、仕事以外の事柄も増えてきます。

歩み続けるには、足腰を強くすることを考えなければなりません。

特に医療技術は日進月歩なので、常に最新の知識と技術を導入して、アップデートしていく必要があります。

そのため、当院ではスタッフにさまざまな研修やセミナーに参加してもらうようにしています。将来独立して医院を開業する夢を持っているドクターには、医療技術に関することだけでなく、歯科医院向けの経営塾や、一般経営者向けのアチーブメントセミナーにも参加してもらうようにしています。

私自身もそうしたセミナーに参加するために、毎月上京しています。

すべては自分やスタッフの成長のためですから、費用はこちらで負担します。

年間で優に1千万円以上の金額をそうした学びに費やしていますが、学ばずして成長はあり得ないので、惜しくはありません。


また、がんばっているスタッフへのインセンティブとして、海外研修も行っています。

海外研修を実施する条件は、年間売上目標を超えることです。

うれしいごほうびがあることで、目標達成に向かってワクワクしながら邁進できます。

海外研修中も診療をストップするわけにはいかないので、2班に分かれ、時期をずらして行っています。

海外研修の行先は、スタッフみんなで話し合って決めており、決してこちらから押しつけるようなことはしていません。スタッフの希望で、2014年はグアム、2015年は台湾、2016年はタイへ研修旅行に行きました。

目標を持って、計画的に行動すれば、スタッフみんなが海外研修を満喫できるのです。

ブラック企業ではないけれど、日々の仕事に忙殺されて、スタッフが疲弊していたのでは、笑顔もしぼみ、患者さんにいい医療サービスを提供できません。

日々がんばるべきところはしっかりがんばって、ワクワク楽しむところはたっぷり楽しめるように配慮することも、経営者の度量だと思います。

エピローグ　笑顔の花を咲かせよう

「間違い」に気づく求道の精神

遡ること１９７２年、まだ駆け出しの歯科医だった私は、アメリカのオレゴン州ポートランドのオレゴン大学で開かれた歯科医療の研修に参加しました。

そのとき、アメリカの最先端医療と当時の日本の歯科医療の技術や設備との、あまりのギャップに激しいカルチャーショックを覚えました。

「信じられない！　日本の歯科医療は、50年もアメリカに遅れをとっている！」

その後、アメリカに追いつけ追い越せという気概を持って、ロサンゼルス、サンフランシスコ、ボストン、スウェーデンのイエテボリ、北京などの歯科大学で、高度な医療品質管理や医療技術、医療フィロソフィーを学んできました。

第１章でお話した通り、医療の学びとは別に、１９８７年より30年、縁あって塩尻市片丘の曹洞宗無量寺で「茶の道」のけいこをしています。

正師は、私が心から尊敬する青山俊董先生です。お会いするたびに、その心洗われるような笑顔の素晴らしさに感服しています。

「石の上にも3年」ということわざがあるように、当初は「茶道も3年学べば、ひと通りのことはマスターできるだろう」と考えて取り組んでいましたが、仕事が忙しく、月3回のけいこのすべてには参加できませんでした。

しかし、多くのお弟子さんたちが毎回休まずお茶のけいこに励んでいることに刺激を受け、私もできるだけ欠かさず通うように努めました。

以来、30年もの歳月を経ましたが、学べば学ぶほど、茶道の奥深さに気づかされます。表千家の作法を基本にしつつ、流派を超えたものの考え方や、和の伝統文化の素晴らしさ、宗教心の大切さ、そして真の生き方について今も茶道に学ばせていただいています。

茶事は最高のおもてなしであり、茶道の心得である「和敬清寂《わけいせいじゃく》」「一期一会」「主客同座」の精神は、診療の中にも通じるものがあると思います。

師の青山俊董先生は、『くれないに命耀く』（春秋堂）の中で、茶道や芸道など日本古来の「求道」に触れて、こんなことを語っておられます。

「『間違っていた』『正しかった』といういただき方をしたとき、そこがすでに終着駅であり、そこで進歩は止まり、そこから生まれてくるものは傲慢な自信しかない。『間違っていたな』『足りなかったな』『浅かったな』といういただき方からは、さらに求める心が起き、無限に深まり、高まり、眼が澄んでくるほどに求道の心が強まり……。

終着駅なし、卒業なしの無限の求道の姿勢は、こういうものの考え方、受けとめ方が根底にあって、はじめて生まれてくるものであろう。『よく生きるとは、今はよくないと気がつくことだ』という古人の言葉が思いあわされる」と。

つまり、わかったつもりになってしまうと、思考停止してしまい、それ以上成長できないということです。

いくつになっても、どれだけ経験を重ねても、決して慢心せず、求める心を忘れない生き方をしたいと願ってやみません。

ほほえみが喜びの花を咲かせる

「70歳になったら歯科医を引退しよう」

私はずっとそう思っていました。

しかし、70歳を超えた今ではその考え方を改め、「100歳まで現役でやろう！」と強く決意しています。

それは、29歳という若さでこの世から旅立ってしまった愛娘の智子からのメッセージなのかもしれません。

娘は私の後を継ぐつもりで私の母校である東京歯科大学に入学し、卒業後は「歯科技術や治療のノウハウの最先端を学びたい」と希望に胸を膨らませてアメリカのミネソタ大学に留学しました。

しかし、現地の寒い気候や食生活などが身体に合わなかったのか、2011年に友人の結婚式で日本に帰国するなり彼女は、身体の不調を訴えたのです。

「お父さん、ちょっとお腹が痛いんだけど……」

それまで、病気一つしたことのない元気いっぱいの娘でしたが、精密検査を受けると、ステージ4のすい臓がんで、余命4カ月といわれました。

突然、人生のはしごを外され、どん底に突き落とされたような衝撃を覚えました。

あのスティーブ・ジョブズもすい臓がんで早世しましたが、他のがんと違ってすい臓がんは治療が非常に難しいのです。

それでも、娘は「絶対に治ってみせる」とさまざまな治療を試し、余命宣告を覆そうと、病気と気丈に闘い続けました。

「きっとよくなる」と祈りながら、私も妻や息子たちとともに、病と闘う娘を励まし続けました。

しかし、がん宣告されてから1年9カ月で娘は力尽きて逝ってしまいました。

笑顔がトレードマークの妻も、深い悲しみに沈み、私は愛娘とのあまりにせつない別れとともに、かけがえのない後継者を失った苦悩に何度も天を仰ぎました。

真夏の大空の下、命の炎をたぎらせて咲く、燃えるようなひまわり――

ひまわりは、娘の智子が大好きだった花です。

私は大輪のひまわりのように明るく輝く娘の笑顔を思い出しながら、彼女が志していた理想の歯科治療を、私自身が実現していこうと決意しました。

娘も守護神となって、そんな私を笑顔で応援してくれているのではないかと思います。

私も70歳を過ぎ、高齢者と呼ばれる年齢となりましたが、多くの人々の笑顔を作る仕事を生涯現役で続けていくことが使命だと思っています。

「100歳まで現役」という人生理念をまっとうすべく、105歳になられてなおご活躍の医学博士・日野原重明先生のように、「生涯健康・生涯現役・生涯修行・生涯情熱・生涯挑戦」の精神で邁進していく覚悟でいます。

青山俊董先生は『泥があるから、花は咲く』の中で、「泥がなければ花は咲かないけれど、泥の姿も匂いもとどめず、清らかな花を咲かせるから、人々は賞《め》で愛しむ」と語っておられます。私もそんな花をまだまだ咲かせたいと思います。

そして、青山先生が『くれないに命耀く』の中で語っておられたように、「あたり一面に花が咲いたように、人々の心に喜びの花を咲かせる」――そんな仕事を生涯かけてしていければと思います。

日々学んできたことを通して、今後は地域や職場環境、健康、教育に幅広く貢献していきたいと願っています。

私の経験と学びが、少しでも世の中の役に立てば幸いです。

２０１７年夏

鴨居　弘樹

仕事《ワーク》がワクワクに変《か》わる笑顔《えがお》の法則《ほうそく》
顧客満足度《こきゃくまんぞくど》98.5%の逆転経営術《ぎゃくてんけいえいじゅつ》

鴨居弘樹《かもいひろじゅ》

明窓出版

平成二九年九月十五日初刷発行

発行者 ―― 麻生 真澄
発行所 ―― 明窓出版株式会社
〒一六四―〇〇一二
東京都中野区本町六―二七―一三
電話 （〇三）三三八〇―八三〇三
ＦＡＸ （〇三）三三八〇―六四二四
振替 〇〇一六〇―一―一九二七六六
印刷所 ―― 中央精版印刷株式会社
落丁・乱丁はお取り替えいたします。
定価はカバーに表示してあります。

ISBN978-4-89634-376-2
ホームページ http://meisou.com

鴨居弘樹（かもい ひろじゅ）

鴨居歯科医院インプラントセンター院長。

1944年、東京都生まれ。東京歯科大学卒業。

幼少期より住む長野県塩尻市に鴨居歯科医院を開業。スタッフ教育に「朝礼」「研修」「ナンバーワン宣言」「クレド」などを取り入れ、日々工夫と改善を続けている。1999年にISO国際標準化機構「歯科医療サービス部門」を日本で最初に取得。2012年より「歯科甲子園D1グランプリ」で「顧客満足度部門優秀賞」などを3度受賞。2016年には「医療機関アワード」で「歯科部門地域別最優秀賞」を受賞。2017年現在、スタッフ数31人、来患者数1日100人。年間延べ来院者数約3万人。